박문각 공무원
기 본 서

괜찮아, 잘될 거야! 쉬운 영어, 장DAY 영어

IMAGE로 머리에 저장되는 문법 개념

암기가 아닌 직관적으로 이해하는 Graphic 문법!

장대영 편저

장대영 영어
Graphic 문법

이 책의 머리말

공무원 영어 시험 Part	문항 수
어휘 part	3
생활영어 part	2
문법 part	3
독해 part	12
TOTAL	20

위 표는 공무원 영어시험의 평균적인 part별 문항 수를 제시한 것입니다.

독해 문항 수가 12문항으로 가장 많은 비중을 차지하고 있는 것이 사실이지만, 우리 공무원 영어시험만의 특이성을 보여 주는 part가 '어휘 part'와 '문법 part'입니다.

이 '어휘 part'와 '문법 part'에서 일정 점수를 확보하지 못하면, 합격에 필요한 점수에 도달하지 못하게 됩니다. 다만, 어휘 part의 문제가 쉬워지고 있습니다.

그리고 우리가 이 교재에서 다루게 되는 **'문법 part'는 올바른 방향으로만 공부한다면 투자한 시간에 비례해서 점수가 오르는 현상을 상대적으로 쉽게 경험할 수 있는 part입니다.**

출제 기조가 바뀌면서, 지엽적이고 암기 성향의 문법 문제보다는 **문장의 구조와 동사와 관련된 문법이 강화**되었습니다. 이 부분을 더 신경 써서 교재를 구성하려고 노력하였습니다.

이 교재와 강의를 잘 활용하여 시험장에서 **'문법 part'**를 **'시간은 절약하면서, 점수는 확보하는 part**로 만들어 봅시다.

'괜찮아 잘 될거야, 장DAY영어가 있잖아'

– 박문각 공무원 영어 장대영

이 책의 **구성과 특징**

1 IMAGE로 설명

> **02** 주격 관계대명사절의 수일치
>
> 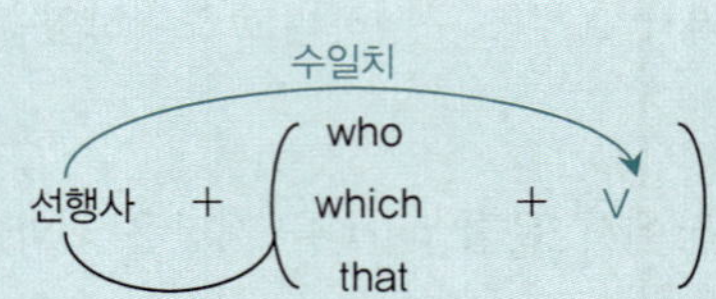
>
>
> * 주어가 빠진 주격 관계대명사절의 동사의 수일치는 앞에 수식을 받는 명사인 선행사에 맞추어야 한다.
> (관계대명사절은 뒤에 형용사절 chapter에서 자세히 공부합니다.)

나열식 설명은 문제를 풀 때 OUTPUT이 잘 되지 않습니다.
수업 시간에 진행되는 쌤의 개념 설명의 Base가 되는 부분은 다른 문법책과 다르게 여러분의 머릿속에 개념을 INPUT시키려 많은 IMAGE들을 제시합니다.

2 문법 문제풀이 적용방식 안내

> **+@** 능동 vs 수동 문제 해결 3 steps
>
> **1st step** ┌ 능동 vs 수동 해석에 걸리는 대상을 찾는다.
> └ 동사 자리에서 '능동 vs 수동'을 묻는 경우는 해석에 걸리는 대상은 주어이다.
>
> **2nd step** ┌ 해석 적용
> └ 능동의 경우 '~하다'의 해석이, 수동의 경우 '~되어지다, 당하다, 받다'의 해석이 적용된다.
>
> **3rd step** ┌ 목적어(○) 有 / 無
> ├ V3 능동＋목적어 有
> └ V3 수동＋~~목적어~~ 無
>
> 3형식 동사에서 '능동 vs 수동'을 묻는 경우, 목적어 유/무로 판단할 수도 있다.
> 3형식 동사의 능동형 다음에는 목적어가 있고, 3형식 동사의 수동형 다음에는 목적어가 없다.

단순한 문법 내용을 설명하고 열거하는 것을 넘어서서, 문제를 풀 때 적용하는 방식을 틈틈이 제시하고 있습니다.

3 Quiz

Quiz 문법상 적절한 것을 고르세요.

1. [Eating / Eaten] well, my cousin regained all her health.
   잘 먹고, 사촌은 건강을 회복했다.

2. [Surprising / Surprised] at the sound of footsteps, the thief ran away.
   도둑은 발자국 소리에 놀라 달아났다.

3. [Biting / Bitten] the poisoned apple, Snow White collapsed to the ground.
   백설공주는 독이 든 사과를 한 입 먹고 땅에 쓰러졌다.

4. The headlights [turning / being turned] on during the night, I found my car out of battery in the morning.
   밤에 헤드라이트가 켜지는 바람에 아침에 내 차의 배터리가 나간 걸 알았다.

5. [Having / Had] very short hair, she is occasionally mistaken for a man.
   그녀는 머리가 짧아서 때때로 남자로 오해 받기도 한다.

정답 1. Eating   2. Surprised   3. Biting   4. being turned   5. Having

개념을 이해했다면 간단한 고르기 문항으로 적용해 봅니다.

4 UPGRADE + @

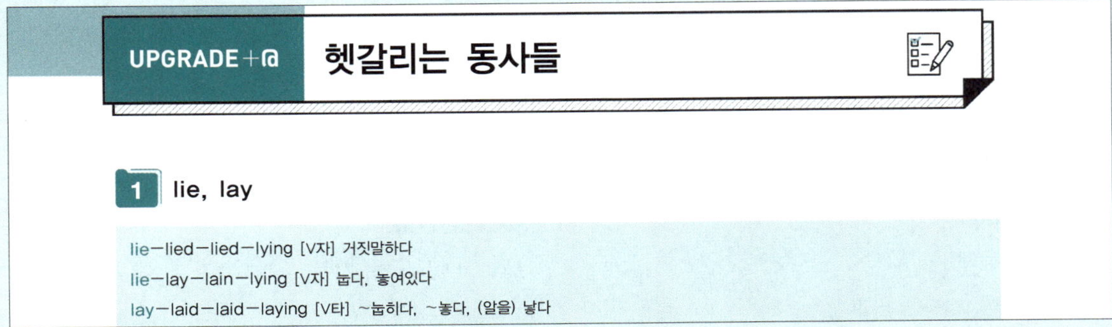

구체적인 문법 Chapter에 분류되지는 않지만, 우리 공무원 영어 문법 Part에서 자주 활용되는 내용을 'UPGRADE + @'라는 제목으로 따로 다루고 있습니다.

이 책의 **차례**

장대영 영어
Graphic 문법

Graphic

문법 1

문장의 기본 구조

1 형태

\# S+V

\# 완전동사/**불완전동사**＋자동사/**타동사** ＝ 완전 자동사

완전 동사 : 보어가 필요하지 않은 동사

불완전 동사 : 보어가 필요한 동사

자동사 : 목적어가 필요하지 않은 동사

타동사 : 목적어가 필요한 동사

1형식은 보어와 목적어가 필요하지 않은 형식의 문형으로 1형식에 쓰인 동사는 완전 자동사이다.

\# S+V
　S+V＋전치사구
　S+V＋부사

S : Subject의 약자로 '주어'를 의미한다.
V : Verb의 약자로 '동사'를 의미한다.

① Leaves of the tree **fell**.
　나무의 이파리들이 떨어졌다.

② He **ran** fast.
　그는 빠르게 달렸다.

③ The cat **jumped** through the window.
　그 고양이가 창문으로 뛰어들었다.

■ 대표적 V1(V1-1형식 동사)

단어	뜻	단어	뜻
go	가다	happen / occur / arise take place	발생하다
come	오다		
arrive	도착하다	live / reside / dwell	살다, 거주하다
leave	출발하다	die	죽다
walk	걷다	be V	~에 있다
run	달리다	exist	존재하다
fall	떨어지다	sit	앉다
appear / emerge	등장하다, 나타나다	stand	서 있다
disappear	사라지다	jump	뛰어 오르다

> **cf** There be V S → S가 있다
>
> There V1 S → S가 V1하다

① There is an apple on the table.
테이블 위에 사과가 있다.

② There exist many constraints in the context.
그 상황에는 많은 제약 조건이 존재한다.

③ There live a number of squirrels in this forest.
이 숲에는 많은 다람쥐가 살고 있다.

④ There he stands. (*주어가 대명사인 경우는 도치를 시키지 않는다.)
그가 서 있다.

2 해석에 주의해야 할 V1

① Will **do** a glass of water?　　　　　　　　　　　　　[do : 충분하다]
　→ 물 한 잔이면 충분할까요?

② The pill didn't **work** a month ago.　　　　　　　　　[work : 효과가 있다]
　→ 그 약은 한 달 전에 효과가 없었다.

③ It **read** as follows.   [read : 쓰여있다]
→ 그것은 다음과 같이 쓰여 있었다.

④ The pencil **sells** of $ 1.   [sell : 팔리다]
→ 그 연필은 1$에 팔린다.

⑤ Honest will **pay** in the end.   [pay : 가치가 있다]
→ 정직은 결국에 가치가 있을 것이다.

3 'V1+전치사' 덩어리 [자동사+전치사 → 목적어 O]

1형식 동사는 목적어를 취할 수 없지만, 1형식 동사 뒤에 전치사가 있으면 목적어를 취할 수 있다.
자주 쓰이는 '1형식 동사+전치사' 종류를 덩어리로 인식하는 것이 중요하다.

목적어의 종류
① 동사의 목적어
② 전치사의 목적어

① **wait for** : ~을 기다리다 = await

People are waiting for the train in a queue.
사람들은 줄을 서서 기차를 기다리고 있는 중이다.

② **arrive at** : ~에 도착하다 = reach

She always arrives at work on time.
그녀는 언제나 제시간에 출근한다.

③ **object to** : ~에 반대하다 = oppose

People object to the death penalty system upon humanitarian grounds.
사람들은 인도적인 이유로 사형제도에 반대한다.

④ **participate in** : ~에 참여하다 = join

BTS participated in the U.N. General Assembly for a speech.
BTS는 연설을 위해 유엔 총회에 참가했다.

⑤ **consist of** : ~로 구성되다

This movie consists of six 20-minute episodes.
그 영화는 20분짜리의 에피소드들이 6편으로 구성되어 있다.

⑥ **consist in :** ~에 놓여있다

The beauty of the city consists in its superb natural landscape.

그 도시의 아름다움은 훌륭한 자연 경관에 놓여 있다.

⑦ **result in :** ~결과를 가져오다

The earthquake resulted in many thousands of deaths.

지진이 수천 명의 사상자가 발생하는 결과를 가져왔다.

⑧ **result from :** ~로부터 나오다

The fire resulted from a gas leak.

그 화재는 가스 누출로부터 일어났다.

⑨ **belong to :** ~에 속하다

Antarctica does not belong to any country.

남극은 어느 나라에도 속하지 않는다.

⑩ **laugh at :** ~을 비웃다

Jenny laughed at Tom because of his foolish question.

Jenny는 그의 바보 같은 질문 때문에 Tom을 보고 비웃었다.

⑪ **depend on :** ~에 의지[의존]하다

Contemporary people heavily depend on machines.

현대인들은 기계에 크게 의존한다.

⑫ **listen to :** ~에 귀 기울이다

My friend never listens to my advice.

나의 친구는 절대 나의 충고에 귀 기울이지 않는다.

⑬ **graduate from :** ~를 졸업하다

He graduated from a medical school with honors.

그는 의대를 우등으로 졸업했다.

⑭ **interact with :** ~와 상호 작용을 하다

I can interact with many kinds of people there.

나는 거기에서 많은 종류의 사람들과 상호 작용을 할 수 있다.

⑮ **account for :** ~을 설명하다 / ~을 차지하다

It is impossible to account for this terrible taste.

이 끔찍한 맛을 설명하는 것은 불가능하다.

cf look 시리즈

1. look like : ~처럼 보이다

He looks like a criminal in photos.

그는 사진 속의 범죄자처럼 보인다.

2. look at : ~을 보다

I looked at the menu to order something to drink.

나는 마실 것을 주문하기 위해 메뉴를 보았다.

3. look for : ~을 찾다

Many people come to a big city to look for work.

많은 사람이 일을 찾기 위해 대도시로 온다.

4. look after : ~을 돌보다

I looked after my younger brother all day in place of my mother.

나는 엄마를 대신하여 하루 종일 나의 남동생을 돌보았다.

5. look into : ~을 조사하다

A study looked into 300 people to see the side effects of drinking diet sodas.

한 연구는 다이어트 음료를 마시는 것의 부작용을 보기 위해 300명을 조사했다.

6. look to : ~에 의존하다

Many students look to their parents for financial support.

많은 학생들은 그들의 부모에게 재정적으로 의존한다.

7. look up : ~을 찾아보다, 검색하다

Alice looked up the opening times on the website.

Alice는 웹사이트에서 개장 시간을 찾아 보았다.

8. look up to : ~을 존경하다

All of the members look up to him as a wise team leader.

모든 구성원은 현명한 팀의 리더로서 그를 존경한다.

9. look down on : ~을 무시하다

We should not look down on someone based on their looks.

우리는 누군가를 외모로 무시해서는 안 된다.

10. look forward to : ~을 기대하다

I'm looking forward to popularization of Hanbok.

나는 한복의 대중화를 기대하고 있다.

> **Quiz** 다음 문장에서 틀린 곳을 찾아 고치세요.
>
> **1.** He looked many shows on TV.
> 그는 TV에서 많은 쇼를 보았다.
>
> **2.** I participated the discussion.
> 나는 토론에 참가했다.
>
> **정답** 1. looked → looked at   2. participated → participated in

---

UNIT 02 2형식

1 형태

\# S+V+S.C   \# 완전/불완전+자동사/타동사 = 불완전 자동사

S.C : Subject Complement의 약자로 '주격 보어'를 의미한다.

\# S+V+S.C

　　　명사 역할 → 명사 / 명사구 / 명사절
　　　형용사 역할 → 형용사 / 분사 (~ing, p.p)

2 대표적 V2(V2 − 2형식 동사)

01 감각 V+S.C [형용사 / like+명사 / as if S V]

look (보이다) / sound (들리다) / smell (냄새가 나다) / taste (맛이나다) / feel (느껴(지)다)

　① The candy **tastes** sweet.　　　　　　　　　　　　　　　　　[S.C : 형용사]
　　그 사탕은 달콤한 맛이 난다.

　② Her suggestion **sounds** like a good idea.　　　　　　　　[S.C : like+명사]
　　그녀의 제안은 좋은 생각인 것처럼 들린다.

　③ You **look** as if you are healthy.　　　　　　　　　　　　　[S.C : as if S V]
　　당신은 건강한 것처럼 보인다.

02 상태 − V '~이다, (~한 상태로) 있다' + S.C [형용사]

be / remain / keep / stand / stay / hold

① They **kept** quite calm during prayers.　　　　　　　[S.C : 형용사]
그들은 기도하는 동안 아주 침착했다.

② The public **remain** skeptical of his opinion.　　　　[S.C : 형용사]
대중은 그의 의견에 대해 여전히 회의적이다.

03 상태변화 − V '~이 되다' + S.C [형용사]

become / get / grow / come / turn / fall / go / run

① Divorce is **becoming** more common.　　　　　　　　[S.C : 형용사]
이혼은 더 흔한 것이 되고 있다.

② As time went on, he **grew** more and more sad.　　　[S.C : 형용사]
시간이 지남에 따라, 그는 점점 더 슬퍼졌다.

> **cf** come true (실현되다) / turn pale (창백해지다) / fall asleep (잠들다) / go mad (미치다) / run dry (마르다)
> ↳ 상태 변화 동사 중에 위에 표현들처럼 숙어화된 것들이 있다.

04 입증, 판명 − V + S.C [(to be) 형용사 / to V]

prove / turn out　　~임이 입증[판명]되다
seem / appear　　　~인 것 같다, ~처럼 보이다

① He **seemed** to be tired.　　　　　　　　　　　　　　[S.C : to V]
그는 피곤해 보였다.

② The chance **proved** to be a turning point.　　　　　[S.C : to V]
그 기회가 전환점이라는 것이 입증되었다.

③ She **turned out** innocent.　　　　　　　　　　　　　[S.C : 형용사]
그녀는 무죄로 판정받았다.

05 S.C − 형용사 vs 부사

주격 보어 자리에는 명사의 역할이나 형용사의 역할을 하는 형태가 올 수 있다. 따라서, 주격 보어 자리에 부사를 쓰면 틀리다.

\# **형용사＋ly = 부사** 형용사에 접미사 ly를 붙이면 그 형용사의 뜻을 지닌 부사의 형태가 된다.

\# **명사＋ly = 형용사** 명사에 접미사 ly를 붙이면 그 명사의 뜻을 지닌 형용사의 형태가 된다.

ex) lovely (사랑스러운), manly (남자다운), friendly (친근한, 다정한), monthly (매월의)

Quiz 문법상 적절한 것을 고르세요.

1. The fashion business will remain [successful / successfully].

   그 패션 사업은 성공한 상태를 유지할 것이다.

2. They wanted to look [tough and strong / toughly and strongly].

   그들은 터프하고 강인하게 보이길 원했다.

3. Because of these stressful conditions, animals sometimes act [strange / strangely].

   이런 스트레스가 많은 상황 때문에, 동물들이 가끔 이상하게 행동한다.

4. He looked [man / manly] two years ago.

   그는 2년 전에 남자다워 보였다.

정답 1. successful   2. tough and strong   3. strangely   4. manly

---

UNIT 03 3형식

1 형태

\# S＋V＋O   \# 완전/불완전＋자동사/타동사 ＝ 완전 타동사

O : Object의 약자로 '목적어'를 의미한다.

① I **purchased** a new car.   [O : 명사]

   나는 새로운 차를 구매했었다.

② He **decided** to propose marriage to her.   [O : 명사구]

   그는 그녀에게 결혼 프로포즈 하기를 결정했다.

③ Research **shows** that moderate exercise has no effect on the duration of the common cold.

[O : 명사절]

연구는 적절한 운동이 감기의 지속 시간에 아무런 영향을 미치지 못한다는 것을 보여준다.

구 : 동사 이외의 두 개 이상의 단어가 모여 하나의 품사 or 문장성분 역할을 하는 것을 말한다.

절 : 문장의 일부를 이루면서 그 자체에 S – V 관계가 있는 것을 말한다.

---

2 S+V3+전치사+O (V3 – 3형식 동사)

단어	뜻	단어	뜻
accompany with	~를 동반하다 (함께 가다)	greet to	~을 환영하다, ~에게 인사하다
affect to / on	~에 영향을 미치다	influence to / on	~에 영향을 미치다
announce about	~을 발표하다, 선언하다	inhabit in / at = reside at / in = live in	~에 거주하다, 살다
answer to	~에 대답하다	join to / in = participate in	~에 참가하다
approach at / to	~에 접근하다	lack with / of	~이 부족하다
approve for	~을 승인하다, 찬성하다	leave from	~를 떠나다
attend at	~에 참석하다	marry with = be married to	~와 결혼하다
await for = wait for	~을 기다리다	mention about / on	~에 대하여 말하다, 언급하다
consider about	~을 생각하다, 고려하다	obey to	~에게 복종하다
contact to	~에 접촉하다	oppose to = object to = be opposed to	~에 반대하다
discuss about	~에 대하여 토론하다	reach at = arrive at	~에 도착하다
enter into / to	~에 들어가다	regret to / about	~에 대하여 후회하다
exceed to	~을 넘어서다, 초과하다	resemble with	~와 닮다
face at / with = be faced with	~에 마주하다, ~을 직면하다	survive from / to	~견뎌내다, ~보다 더 오래 살다

CHAPTER 01

① Emma **accompanied** her husband on the trip.
Emma는 그녀의 남편과 함께 여행을 갔다.

② Television **affects** children's behavior.
텔레비전은 아이들의 행동에 영향을 미친다.

③ Tom repeated the question, but his mother didn't **answer** his question.
Tom은 그 질문을 반복했지만, 그의 어머니는 그의 질문에 대답하지 않았다.

④ When the hunter **approached** the birds, they flew away in a hurry.
사냥꾼이 새들에게 다가갔을 때, 그 새들은 급히 날아가 버렸다.

⑤ The city council will **discuss** the alternatives to solve the pollution problem.
시의회는 오염 문제를 해결하기 위한 대안을 논의할 것이다.

⑥ Finally, Eric **entered** the Seoul University on the third try.
마침내, Eric은 세 번째 시도만에 서울대학교에 입학했다.

⑦ I usually **leave** home for work at seven.
나는 보통 7시에 집을 떠나 직장으로 간다.

---

cf 주의!

1. leave for : ~로 떠나다

I planned to <u>leave for</u> the beach.
나는 해변으로 떠날 계획이었다.

2. enter into : ~에 착수하다 / 개입하다

Let's <u>enter into</u> conversation about the party.
파티에 대한 이야기를 시작합시다.

3. attend on : ~을 시중들다

She endeavored to <u>attend on</u> the sick.
그녀는 환자를 시중들기 위해 노력했다.

4. attend to : ~에 주의하다

He is the expert who <u>attends to</u> sanitation.
그는 위생에 주의하는 전문가이다.

Quiz 다음 문장에서 틀린 곳을 찾아 고치세요.

1. She married with him only on love, not money.

   그녀는 돈이 아니라 사랑 때문에 그와 결혼했다.

2. Mr. Kim didn't mention about his new project.

   김씨는 그의 새 프로젝트에 대해서 언급하지 않았다.

3. He always obeys to his parents without any question.

   그는 항상 아무 의심없이 부모님에게 복종한다.

4. We reached at the airport on time thanks to the taxi driver.

   택시기사님 덕분에, 우리는 제 시간에 공항에 도착했다.

5. My younger brother highly resembles with my father while I resemble my mother.

   나의 남동생은 아버지와 매우 닮았고, 나는 어머니와 닮았다.

정답 1. married with → married   2. mention about → mention   3. obeys to → obeys
4. reached at → reached   5. resembles with → resembles

3 S+V+O (to V / Ving)

└ 목적어 자리에 to V와 Ving가 오는 경우 둘 중에 하나를 선택해야 하는 경우가 있다.

to V (to 부정사) ⇨ '미래' 성향 (전치사 to의 의미)
Ving (동명사) ⇨ '과거' 성향 (~ing 진행의 의미)

to V : to다음에 동사원형을 쓰는 형태로 'to 부정사'라고 부른다.
Ving : 동사원형에 ing를 뒤에 붙이는 형태로 '동명사'라고 부른다.

01 S+V+O (to V)

agree (동의하다)	attempt (시도하다)	choose (선택하다)	dare (감히 ~하다)
desire (바라다)	decide (결정하다)	determine (결심하다)	expect (기대하다)
fail (실패하다)	hope (희망하다)	intend (의도하다)	manage (가까스로 ~하다)
need (필요하다)	offer (제안하다)	plan (계획하다)	prepare (준비하다)
promise (약속하다)	seek (찾다, 추구하다)	want (원하다)	wish (바라다)

⇨ 위의 동사들은 목적어 자리에 to V(to 부정사)를 취하는 동사들이다.

① He is **planning** to do new project.
   그는 새로운 프로젝트를 할 계획이다.

② She **promised** to buy me a cup of coffee.
   그녀는 나에게 커피 한 잔을 사주겠다고 약속했다.

02 S+V+O (Ving)

abandon (포기하다)	admit (인정하다)	appreciate (감사하다)	avoid (피하다)
consider (고려하다)	delay (미루다, 연기하다)	deny (부정, 거부하다)	enjoy (즐기다)
escape (피하다)	finish (끝마치다)	forgive (용서하다)	give up (포기하다)
keep (유지하다)	mind (꺼리다)	practice (연습하다)	postpone (미루다, 연기하다)
resist (저항, 반대하다)	risk (~할 위험을 감수하다)	quit (그만두다)	suggest (제안하다)

⇨ 위의 동사들은 목적어 자리에 Ving(동명사)를 취하는 동사들이다.

① Would you **mind** passing me the salt cellar.
   소금통 좀 건네 주시겠어요?

② He **finished** writing the term paper.
   그는 학기말 리포트 쓰는 것을 끝마쳤다.

03 S+V+O (to V and Ving) (해석이 달라짐)

> ⇨ 다음 동사들은 문법적으로 목적어 자리에 to V와 Ving가 둘 다 올 수 있지만, 의미가 달라진다.

① **forget**　　**Ving**：~했던 것을 잊어버리다 (과거)

　　　　　　　to V：~할 것을 잊어버리다 (미래)

Don't **forget** <u>meeting</u> me.

나를 만났던 것을 잊지마세요.

Don't **forget** <u>to meet</u> me.

나를 만날 것을 잊지마세요.

② **remember**　　**Ving**：~했던 것을 기억하다 (과거)

　　　　　　　　to V：~할 것을 기억하다 (미래)

I **remember** <u>doing</u> my homework.

나는 내 숙제를 했던 것을 기억한다.

I **remember** <u>to do</u> my homework.

나는 내 숙제를 할 것을 기억한다.

③ **regret**　　**Ving**：~했던 것을 후회하다 (과거)

　　　　　　　to V：아쉽지만 (유감스럽지만) ~하다

I **regret** <u>saying</u> that he didn't pass the exam.

나는 그가 시험에 통과하지 못했다고 말한 것을 후회한다.

I **regret** <u>to say</u> that didn't pass the exam.

그가 시험에 통과하지 못했다고 말하게 되어 유감이다.

④ **stop**　　**Ving**：~하던 것을 멈추다

　　　　　　to V：~하기 위하여 멈추다

He **stopped** <u>seeing</u> the fight.

그는 싸움을 보는 것을 멈췄다.

He **stopped** <u>to see</u> the fight.

그는 싸움을 보기 위해 멈췄다.

⑤ **try**　　　**Ving**：시험삼아 한번 ～하다

　　　　　　to V：～하려고 노력하다

She **tried** <u>moving</u> the piano.

그녀는 피아노를 시험삼아 옮겼다.

She **tried** <u>to move</u> the piano.

그녀는 피아노를 옮기려고 노력했다.

⑥ **mean**　　　**Ving**：～을 의미한다

　　　　　　to V：～하려고 의도하다

Taking this position **means** <u>moving</u> to another city.

이 직위를 받아들이는 것은 또 다른 도시로 이사해야 한다는 것을 의미한다.

I didn't **mean** <u>to disturb</u> your sleeping.

나는 너의 잠을 방해하려는 의도는 아니었다.

Quiz **다음 문장에서 틀린 곳을 찾아 고치세요.**

1. She finished to do their homework.

그녀는 그들의 숙제를 끝냈다.

2. They decided going to Busan.

그들은 부산으로 가기로 결정했다.

3. I will never forget to meet you at the church two days ago.

나는 이틀 전에 교회에서 너를 만난 것을 절대 잊지 않을 것이다.

4. Please, stop to shake your leg while studying.

제발 공부하는 동안 다리 떠는 것을 멈춰줘.

정답 1. to do → doing　2. going → to go　3. to meet → meeting　4. to shake → shaking

UNIT 04 | 4형식

1 형태

S+V+I.O+D.O   # 수여동사   # I.O ~에게 / D.O ~을/를

수여동사: 간접 목적어와 직접 목적어를 취하는 4형식 동사를 말한다.
I.O: Indirect Object의 약자로 '간접 목적어'를 의미한다.
D.O: Direct Object의 약자로 '직접 목적어'를 의미한다.

📁 대표적 V4 (V4 − 4형식 동사)

단어	뜻	단어	뜻
give	주다	teach	가르치다
show	보여주다	promise	약속하다
lend	빌려주다	bring	가져오다
send	보내다	buy	사다
pay	지불하다	make	만들다
offer	제공하다	ask	물어보다
tell	말하다		

① My son **gives** me the joys and sorrows of life.
나의 아들은 나에게 삶의 기쁨과 슬픔을 준다.

② I **bought** her a birthday cake.
나는 그녀에게 생일 케이크를 사주었다.

③ She **asked** me a difficult question.
그녀는 나에게 어려운 질문을 했다.

2 주의해야 할 수여동사

01 It takes (사람) 시간 / 노력 / 비용 to V

(사람이) to V를 하는 데 시간 / 노력 / 비용이 들다 (걸리다)

① It **took** him three days to complete the project.
그가 그 프로젝트를 완료하는 데 3일이 걸렸다.

02 S+cost+I.O+D.O

I.O에게 D.O를 희생시키다 (잃게 하다)

① That accident **cost** him his life.
그 사고로 그는 목숨을 잃었다.

03 S+tell+I.O+D.O

I.O에게 D.O를 말하다.
cf S+say[speak/talk]+I.O+D.O (×)

① He **told** me that his boss went to lunch. (○)
He **said** me that his boss went to lunch. (×)
그는 나에게 그의 상사가 점심을 먹으러 갔다고 말했다.

UNIT 05 5형식

1 형태

S+V+O+O.C

완전/불완전+자동사/타동사 = 불완전 타동사

O.C : Object Complement의 약자로 '목적격 보어'를 의미한다.

5형식 Image

S + V + O + O.C
　　　　　　　　명사
　　　　　　　　형용사
　　　　　　　　준 V ┬ ① V원형
　　　　　　　　　　　├ ② to V
　　　　　　　　　　　└ ③ ~ing / p.p

준 V(준동사) : 동사에서 온 형태로 문장 내에서 여러 가지 역할을 담당한다.
　　　　　　　종류로는 to 부정사, 원형 부정사, 동명사, 분사 (현재분사 / 과거분사)가 있다.
~ing : 동사원형에 ing를 붙인 형태로 '현재분사'라고 부른다.
p.p : 동사에서 파생된 형태로 '과거분사'라고 부른다. (p.p – past participle)

■ 대표적인 V5 (V5 – 5형식 동사)

단어	뜻	단어	뜻
make	만들다	beileve	믿다
call	부르다	keep	유지하다
imagine	상상하다	discover	발견하다
think	생각하다	consider	고려하다
find	발견하다	leave	남겨두다
catch	발견하다		

2 O.C의 종류

01 S＋V5＋O＋O.C － 명사

call (부르다), name (이름 짓다), appoint (임명하다), choose (선택하다), declare (선언하다), elect (선출하다)

① She **called** me <u>DY</u>.
그녀는 나를 DY라고 불렀다.

② We **chose** her <u>the 5th president</u>.
우리는 그녀를 다섯 번째 회장으로 뽑았다.

02 S＋V5＋O＋O.C － 형용사

대부분의 5형식 동사는 O.C자리에 형용사를 취할 수 있다.

① I **thought** her <u>guilty</u>.
나는 그녀가 유죄라고 생각했다.

② His news **made** her <u>pleasant</u>.
그의 소식은 그녀를 즐겁게 만들었다.

03 S＋V5＋O＋O.C － ～ing / p.p

catch, discover, find (발견하다), imagine (상상하다), keep (유지하다), leave (남겨두다)

① Sorry to **keep** you all <u>waiting</u>.
기다리게 해서 죄송합니다.

② You can **imagine** the tools <u>used</u> in real life.
당신은 실생활에서 그 도구들이 사용되는 것을 상상할 수 있습니다.

③ I **found** myself <u>thinking</u> about her.
나는 내가 그녀에 대해 생각하고 있는 것을 발견했다.

④ He **discovered** the material <u>hidden</u> in that underground parking lots.
그는 그 자료가 저 지하주차장에 숨겨져 있는 것을 발견했다.

04 S+사역V (make / have)+O+O.C

S+사역V (make / have)+O+O.C
　↳ 시키다, 하게 하다　　　　① V원형 (능동)
　　　　　　　　　　　　　　② p.p (수동)

① My mom **made** me <u>clean</u> the floor.
엄마는 내가 바닥을 청소하게 했다.

② The ruler **made** the structure <u>built</u> within a month.
그 지배자는 그 건축물이 한 달 안에 지어지게 했다.

③ He **had** the man <u>repair</u> his radio.
그는 그 사람에게 그의 라디오를 수리하라고 했다.

④ He **had** his radio <u>repaired</u>.
그는 그의 라디오가 수리되어지게 했다.

05 S+let+O+O.C

S + let + O + O.C
　↳ 허락하다,　　　① V원형 (능동)
　　하게 하다　　　② be p.p (수동)

① She **let** me <u>leave</u> the town.
그녀는 그가 마을을 떠나도록 해주었다.

② He **let** my bag <u>be carried</u> to my room.
내 가방을 내 방으로 옮겨주세요.

06 S+get+O+O.C

S + get + O + O.C
　↳ 시키다,　　　① to V (능동)
　　하게 하다　　② p.p (수동)

① Leaders **get** people <u>to reach</u> common goals.
리더들은 사람들이 공동의 목표들에 도달하도록 만든다.

② Leaders **get** common goals <u>achieved</u>.
리더들은 공동의 목표들이 달성되어지도록 한다.

cf **get**

1. ~이 되다 (V2)

2. ~을 얻다 (V3)

3. ~시키다 (V5)

① Where did you **get** that watch?

그 시계 어디서 났니?

② I **got** angry after the exam.

나는 시험이 끝나고 화가 났다.

---

07 S+지각V+O+O.C

S	+	지각V	+	O	+	O.C
		↳ see, observe, watch, notice (보다)				① V원형 (능동)
		hear, listen to (듣다)				② ~ing (능동)
		feel (느끼다)				③ p.p (수동)

① She **watched** the boy <u>cross</u> the street.

그녀는 그 소년이 길을 건넌 것을 보았다.

② She **watched** the boy <u>crossing</u> the street.

그녀는 그 소년이 건너는 것을 보았다.

③ She **watched** the boy <u>wounded</u> by the car accident.

그녀는 그 소년이 차 사고로 부상당한 것을 보았다.

④ I **felt** something <u>crawl</u> up my leg.

나는 무언가 내 다리를 기어오르는 것을 느꼈다.

⑤ He **heard** them <u>discussing</u> the matter.

그는 그들이 그 문제를 논의하는 것을 들었다.

08 S+help+O+O.C

S+help+O+<u>O.C</u>
┗ 돕다   ① V원형
         ② to V

① My brother **helped** me <u>wash</u> my car.
나의 남동생이 내가 세차하는 것을 도왔다.

② My brother **helped** me <u>to wash</u> my car.
나의 남동생이 내가 세차하는 것을 도왔다.

09 S+V+O+<u>O.C</u>
           ┗ to V

 # O.C자리에 to V를 취하는 V5

force, compel (강요하다)	cause, lead (결과를 가져오다)	expect (예측하다, 기대하다)
enable (가능하게 하다)	encourage (권장하다)	ask, require (요구하다, 부탁하다)
allow, permit (허락하다, 허용하다)	order (명령하다)	want (원하다)

① The President **forced** people <u>to conform with</u> safety guidelines.
대통령은 사람들에게 안전 지침을 따르도록 강요했다.

② The accident **caused** his company <u>to go</u> into bankruptcy.
그 사고로 그의 회사는 파산했다.

③ The chance could **enable** his company <u>to succeed</u> again.
그 기회는 그의 회사가 다시 성공할 수 있게 해줄 수 있었다.

④ Museums in there **allow** people <u>to take pictures of</u> their items.
그 지역의 박물관들은 사람들이 그곳의 물건을 사진 찍을 수 있도록 허용한다.

10 S+V5+O+as+O.C

O.C자리에 전치사구 [간주의 as]를 취하는 V5

regard, count (간주하다)

consider, think of (생각하다)

see, view, look upon (보다)

refer to (말하다, 언급하다)

① He **regards** every challenge **as** priceless.

그는 모든 도전이 매우 가치있다고 여긴다.

② I **looked upon** that time **as** a complete waste of time.

나는 그 시간이 완전히 시간 낭비였다고 간주했다.

Quiz 다음 문장에서 틀린 곳을 찾아 고치세요.

1. His news made me sadly.

그의 소식은 나를 슬프게 만들었다.

2. I thought him kindly.

나는 그가 친절하다고 생각했다.

3. I expect my son being a famous writer.

나는 내 아들이 유명한 작가가 되기를 기대한다.

4. They will not let him to leave the classroom.

그들은 그가 교실을 떠나게 하지 않을 것이다.

5. I had my son watered the lawn.

나는 아들이 잔디에 물을 주게 했다.

6. You had better have your tooth pull out by the dentist.

너는 그 치과의사에게 가서 이를 뽑는 게 좋겠다.

7. I heard the men discussed the matter.

나는 그 남자들이 그 문제에 대하여 논의하는 것을 들었다.

정답 1. sadly → sad   2. kindly → kind   3. being → to be   4. to leave → leave
5. watered → water   6. pull → pulled   7. discussed → discussing (discuss)

헷갈리는 동사들

1   lie, lay

lie—lied—lied—lying [V자] 거짓말하다
lie—lay—lain—lying [V자] 눕다, 놓여있다
lay—laid—laid—laying [V타] ~눕히다, ~놓다, (알을) 낳다

① She has never **lied** in all her born days.
그녀는 태어나서 지금까지 거짓말을 해본 적이 없다.

② They found him **lying** in the bathtub.
그들은 그가 욕조에 누워있는 것을 발견했다.

③ The woman **laid** her baby down gently on the bed.
그 여자가 아기를 침대 위에 부드럽게 눕혔다.

2   rise, raise, arise, arouse

rise—rose—risen—rising [V자] 오르다
raise—raised—raised—raising [V타] ~올리다 / 제기하다 / 모으다 / 양육하다, 기르다
arise—arose—arisen—arising [V자] 발생하다
arouse—aroused—aroused—arousing [V타] ~불러일으키다, 자극하다

① In Korea, the rate of unemployment has **risen** gradually.
한국에서, 실업률이 점차 증가했다.

② She **raised** a hand in greeting me.
그녀는 나에게 인사하면서 손을 들었다.

③ A lot of problems will **arise** during the economic depression.
경기 침체기에 많은 문제가 발생할 것이다.

④ The beautiful landscape **arouses** poetic inspiration.
그 아름다운 풍경은 시적인 영감을 불러 일으킨다.

3 sit, seat

sit—sat—sat—sitting [V자] 앉다
seat—seated—seated—seating [V타] ~앉히다

① He **sat** alone in a train station.
그는 기차역에 혼자 앉아 있었다.

② The pilot **seated** the passengers before takeoff.
조종사는 이륙 전에 승객들을 앉혔다.

4 find, found

find—found—found—finding [V타] ~찾다, 발견하다
found—founded—founded—founding [V타] ~만들다, 설립하다

① I **found** a great new cafe near the office.
나는 사무실 근처에서 아주 좋은 새 카페를 발견했다.

② The school was **founded** in 1970.
그 학교는 1970년도에 설립되었다.

5 fall, fell

fall—fell—fallen—falling [V자] 떨어지다, 쓰러지다
fell—felled—felled—felling [V타] (베어) 넘어뜨리다, 쓰러뜨리다

① A few bottles **fell** onto the desk.
몇 병의 물통이 책상 위로 떨어졌다.

② He **felled** his enemy with a single blow.
그는 단 일격에 그의 적을 쓰러뜨렸다.

Quiz 다음 문장에서 틀린 곳을 찾아 고치세요.

1. He seated on the bench.

   그는 벤치에 앉았다.

2. The cuckoo lies its eggs in other birds' nests.

   뻐꾸기는 다른 새의 둥지에 알을 낳는다.

3. The question was risen by many people.

   그 문제는 많은 사람들에 의해 제기되었다.

4. He founded the book easy.

   그는 그 책이 쉽다는 것을 발견했다.

정답 1. seated → sat   2. lies → lays   3. risen → raised   4. founded → found

01 Verb A to B

① **add** A to B : A를 B에 더하다

Pepper is used to **add** flavor **to** food.
후추는 음식에 맛을 더하기 위해 사용된다.

② **adapt** A to B : A를 B에 적용시키다, 맞추다

Animals **adapt** themselves **to** the new environment in order to survive.
동물들은 살아남기 위해 새로운 환경에 적응한다.

③ **apply** A to B : A를 B에 적용하다

The company **applied** a innovative technology **to** their new product.
그 회사는 그들의 신제품에 혁신적인 기술을 적용했다.

④ **expose** A to B : A를 B에 노출시키다

We shouldn't **expose** our body **to** the sun too much.
우리는 우리의 몸을 태양에 너무 많이 노출시키지 말아야 한다.

⑤ **lead** A to B : A를 B로 이끌다

Diplomatic isolation can **lead** the country **to** economic disaster.
외교적 고립은 나라를 경제적 재앙으로 이끌 수 있다.

⑥ **ascribe[attribute]** A to B : A를 B의 탓으로 돌리다

People often **ascribe** their failure **to** fate.
사람들은 종종 그들의 실패를 운명의 탓으로 돌린다.

⑦ **owe** A to B : A를 B덕분으로 여기다[A를 B의 탓으로 돌리다]

We **owe** our happiness **to** our ancestors' sacrifices.
우리는 우리의 행복을 우리 조상들의 희생으로 여긴다.

⑧ **relate** A to B : A를 B에 관련시키다[연관 짓다]

Many people **relate** religion **to** war.
많은 사람이 종종 종교를 전쟁에 연관 짓는다.

⑨ **compare A to B :** A를 B에 비유[비교]하다

In the poem, the speaker **compares** sleep **to** death.
그 시에서, 화자는 잠을 죽음에 비유한다.

⑩ **devote[dedicate] A to B :** A를 B에 몰두[헌신/전념]시키다

She **devoted** her life **to** education.
그녀는 자신의 일생을 교육에 헌신했다.

02 ## Verb A into B

① **convert A into B :** A를 B로 전환[개조]시키다

He **converted** his hotel **into** the nursing home.
그는 그의 호텔을 양로원으로 개조시켰다.

② **transfer A into B :** A를 B로 옮기다

He **transferred** the baggage **into** his car.
그는 짐을 그의 차로 옮겼다.

③ **transform A into B :** A를 B로 변형[변신]시키다

The magician **transformed** a bird **into** a dog.
마술사는 새를 개로 변신시켰다.

④ **change A into B :** A를 B로 변하게 하다

Her tear **changed** the frog **into** a handsome prince.
그녀의 눈물은 개구리를 잘생긴 왕자로 변하게 했다.

⑤ **put A into B :** A를 B에 넣다

The banker **put** money **into** a machine.
은행원은 기계에 돈을 넣었다.

⑥ **divide A into B :** A를 B로 나누다

She **divided** a cake **into** 8 pieces.
그녀는 케이크를 8조각으로 나누었다.

03 **Verb A for B**

① **scold A for B** : B 때문에 A를 꾸짖다

The teacher **scolded** them **for** talking in class.
선생님은 수업 중에 떠들었기 때문에 그들을 꾸짖었다.

② **blame A for B** : B 때문에 A를 비난하다

The public **blamed** the politician **for** embezzlement of government money.
대중은 정부 자금 횡령 때문에 그 정치인을 비난했다.

③ **criticize A for B** : B 때문에 A를 비판하다

The environmental organization **criticizes** the company **for** its indiscriminate use of antibiotics.
환경단체는 항생제를 무분별하게 사용한 것 때문에 그 회사를 비판한다.

④ **thank A for B** : B 덕분에 A에게 감사하다

I **thank** my friend **for** his help.
나는 내 친구의 도움에 감사한다.

⑤ **substitute A for B = substitute B with A** : B를 A로 교체[대신]하다

They finally **substituted** a new desk **for** the old one.
그들은 마침내 낡은 책상을 새로운 책상으로 교체했다.

04 **Verb A of B**

① **notify A of B** : A에게 B를 통보하다

The company **notified** its users **of** potential service interruptions.
그 회사는 사용자들에게 서비스 중단의 가능성을 알렸다.

② **inform A of B** : A에게 B를 알리다

This mail **informs** the customers **of** the period of special sale.
이 메일은 고객들에게 특별 판매 기간을 알려준다.

③ **remind A of B** : A에게 B를 생각나게 하다

This picture **reminds** me **of** my childhood.
이 사진은 나에게 어린 시절을 생각나게 한다.

④ **convince[assure] A of B :** A에게 B를 확신[설득]시키다

Candidates for the presidency must **convince** the public **of** their enthusiasm for the position.

대통령 후보자들은 그 지위에 대한 그들의 열정을 대중들에게 납득시켜야 한다.

⑤ **accuse A of B :** B 때문에 A를 비난[고소]하다

The prosecutor **accused** him **of** theft.

검사는 절도죄로 그를 고소했다.

⑥ **deprive A of B :** A에게서 B를 빼앗다[박탈하다]

The car accident **deprived** the family **of** everything.

그 차 사고가 그 가족에게서 모든 것을 빼앗았다.

⑦ **rob A of B :** A에게서 B를 빼앗다[강탈하다]

A thief **robbed** Lisa **of** her diamond necklace.

그 도둑은 Lisa에게서 그녀의 다이아몬드 목걸이를 빼앗았다.

⑧ **relieve A of B :** A에게서 B를 덜어주다[완화시키다]

Childcare leave **relieves** women **of** the burden of parenting.

육아휴직은 여성들에게서 육아 부담을 덜어준다.

⑨ **clear A of B :** A에게서 B를 치우다

I **cleared** my desk **of** all the papers before they came.

나는 그들이 오기 전에 내 책상에서 모든 서류들을 치웠다.

⑩ **cure A of B :** A에게서 B(질병, 아픔)를 치료하다

The new remedy **cures** the patients **of** the serious disease.

새 치료법은 환자들에게서 중병을 치료한다.

05 Verb A as B

① **regard[think of/view/see/look upon/count on] A as B** : A를 B로 간주하다
In Korea, some people **regard** a cat **as** a mystical creature.
한국에서, 어떤 사람들은 고양이를 신비로운 동물로 여긴다.

② **refer to A as B** : A를 B라고 언급하다[지칭하다]
My grandmother **refers to** me **as** a baby pig.
나의 할머니는 나를 아기돼지라고 지칭한다.

③ **define A as B** : A를 B라고 정의내리다
Eric **defines** himself **as** an intelligent man.
Eric은 그 스스로를 지적인 사람이라고 정의내린다.

06 Verb A from B

① **distinguish A from B** : A와 B를 구별하다
It's hard to **distinguish** an imitation **from** an original.
모조품과 진품을 구별하기는 어렵다.

② **separate A from B** : A에게서 B를 분리시키다[A와 B를 구별하다]
The disaster **separated** a mother **from** her children.
그 재난은 그녀의 부모로부터 그 아이를 떼어 놓았다.

③ **derive A from B** : B로부터 A를 추출하다, 뽑아내다
Many poets **derive** their inspiration **from** the conteplation of nature.
많은 시인은 자연에 대한 사색으로부터 영감을 얻는다.

④ **prevent[stop/keep/discourage/deter] A from B** : A가 B하는 것을 막다[방해하다]
Nothing could **prevent** their wedding **from** taking place.
그 무엇도 그들의 결혼식이 치루어지는 것을 막을 수 없었다.

07 Verb A with B

① **replace A with B** : A를 B로 대신[대체]하다

I **replaced** a worn tire **with** a new one.
나는 헌 타이어를 새것으로 대체했다.

② **associate A with B** : A를 B와 연관시키다

The public service advertisement often **associates** smoking **with** cancer.
공공서비스 광고는 종종 흡연과 암을 연관시킨다.

③ **equate A with B** : A와 B를 동등하게 여기다

Most parents **equate** education **with** success in exam.
대부분의 부모는 교육과 시험에서의 성공을 동등하게 여긴다.

④ **combine A with B** : A와 B를 결합시키다

It's hard to **combine** work **with** pleasure in modern society.
현대 사회에서 일과 즐거움을 결합시키는 것은 어려운 일이다.

⑤ **provide A with B** : A에게 B를 제공하다

The organization **provides** old people **with** free lunches.
그 단체는 노인들에게 무료로 점심을 제공한다.

⑥ **supply A with B** : A에게 B를 제공하다

This device **supplies** divers **with** fresh air for breathing.
그 장치는 잠수부들에게 호흡을 위한 신선한 공기를 제공한다.

⑦ **present A with B** : A에게 B를 주다[제공하다]

Tom **presented** Jenny **with** a flower.
Tom은 Jenny에게 꽃을 주었다.

⑧ **equip A with B** : A에게 B를 갖추어주다

The company **equips** its staffs **with** the means to work from anywhere.
그 회사는 직원들에게 어디에서든 일할 수 있는 수단을 갖추어 준다.

⑨ **compare A with B** : A와 B를 비교하다

Many people **compare** themselves **with** other people.
많은 사람이 그들 스스로와 다른 사람들을 비교한다.

08 etc

① **congratulate A on B :** B에 대하여 A를 축하해 주다
I **congratulated** my father **on** his promotion.
나는 아버지의 승진을 축하해 주었다.

② **take A for B :** A를 B로 착각하다[오해하다]
The police **took** him **for** a robber.
경찰은 그를 강도로 오해했다.

Quiz 다음에 들어갈 전치사로 알맞은 것은?

1. I took her (   ) American.
나는 그녀를 미국인으로 오해했다.

2. People often attributes their failure (   ) their surroundings.
사람들은 그들의 실패를 그들의 환경 탓으로 돌린다.

3. Experimenters divided the subjects (   ) two groups.
실험자들은 그 피실험자들을 두 그룹으로 나누었다.

4. He doesn't blame anyone (   ) his poverty.
그는 자신의 가난 때문에(에 대하여) 어떤 사람도 비난하지 않는다.

5. Why didn't you inform me (   ) this bad situation?
너는 왜 이 나쁜 상황에 대하여 나에게 알려주지 않았어?

정답 1. for   2. to   3. into   4. for   5. of

어순

1 간접의문문

의문문이 문장 속으로 들어가 문장의 일부 (S, O, C자리)로 되었을 때 이 의문문을 간접의문문이라고 한다.

의문문이 문장의 일부 (특히, O자리)가 되었을 때
어순 : '의문사 (if / whether)+S+(조 V)+V원형'

01 의문사가 있는 간접의문문 : 의문사+S+V

① Do you know?+who is that man?

→ Do you know **who that man is**?
저 남자가 누군지 당신은 아십니까?

② I can't tell you.+Why did she make it?

→ I can't tell you **why she made it**.
나는 너에게 그녀가 그것을 왜 만들었는지를 말해 줄 수 없다.

③ He wonders.+How can you play the instrument?

→ He wonders **how you can play the instrument**.
그는 네가 그 악기를 연주하는 방법을 궁금해한다.

02 의문사가 없는 간접의문문 : if(= whether)+S+V

① Do you know?+Does he teach English?

→ Do you know **if(=whether) he teaches English**?
그가 영어를 가르치는지 아십니까?

---

cf V — think, believe, guess등인 경우 '의문사'의 위치 ⇨ 문장 앞으로

Do you think?+who is that man?

→ Do you think who that man is? (×)

→ **Who** do you think that man is? (○)
저 남자가 누구라고 생각하십니까?

2 감탄문 : 순간적인 감정을 나타내는 문장

01 What＋a(n)＋형＋명＋S＋V.

① What a cute girl she is.
이렇게 귀여운 소녀를 봤나.

② What a fast animal a cheetah is.
치타는 얼마나 빠른 동물인가.

02 How＋형 / 부＋S＋V.

① How cute she is.
그녀는 얼마나 귀여운지.

② How big your room is.
당신의 방이 얼마나 큰지.

UNIT 01 수일치

1 형태

Basics

N	+	Vs
(S)		

Ns	+	V
(S)		

N : 단수명사   **Ns** : 복수명사

Vs : 단수동사   **V** : 복수동사

* 단수명사가 주어인 경우는 V(동사)에 's나 es'를 붙여서 단수 동사를 표현한다.

V−수일치 전제조건 (동사 종류에 따른 시제)

① 일반 V − V의 현재시제

② be V − V의 현재시제, 과거시제

③ 완료 V − 현재완료

* be V를 제외하고, 과거시제와 미래시제에서는 수일치를 신경 쓰지 않는다.

2 | 수일치 Case

01 | 멀리 떨어진 S와 V

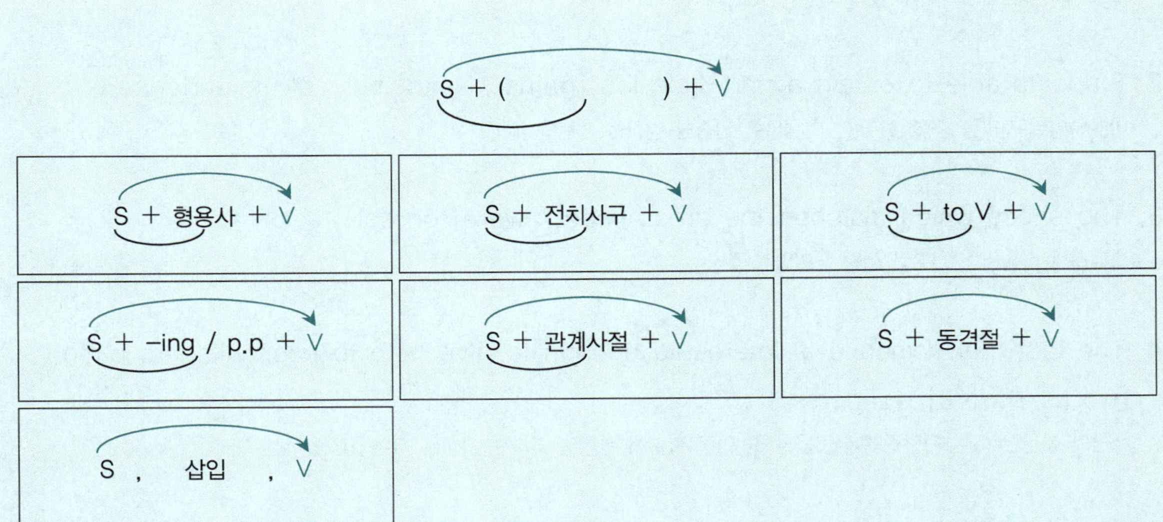

* 주어 뒤에 수식어구가 붙어서 주어와 동사가 멀리 떨어진 경우, 동사 바로 앞에 있는 명사에 수일치를 시키면 안 되고 수식어구 앞에 있는 진짜 주어에 수일치를 맞추어야 한다.

* 보통 문장 맨 앞에 오는 명사가 문장의 주어인 경우가 많다.

Quiz 문법상 적절한 것을 고르세요.

1. A car with poor brakes and no brake lights [is / are] dangerous.
   브레이크가 불량하고 브레이크 조명이 없는 자동차는 위험하다.

2. Students able to obtain a part-time job [gains / gain] valuable experience.
   아르바이트 자리를 구할 수 있는 학생들은 귀중한 경험을 얻는다.

3. The shoes which matched the dress [was / were] on sale.
   드레스와 어울리는 신발이 세일 중이었다.

4. The fact that someone is interested enough to give help to poor villagers often
   [works / work] wonders.
   누군가 가난한 마을 사람들에게 도움을 줄 만큼 충분히 관심이 있다는 사실은 자주 기적을 낳는다.

5. My attempt to apply for many kinds of companies [is / are] vain after all.
   여러 종류의 회사를 지원하려는 나의 시도는 결국 헛된 일이다.

6. Their scars caused by that car accident [has / have] been recovered.
   그 자동차 사고에 의해 생긴 그들의 상처는 회복되었다.

7. One of my co-workers [is / are] my friend.
   내 동료 중 한 명은 친구이다.

8. Things not paid for, they also say, [is / are] never fully appreciated.
   그들은 또한 돈이 지불되지 않은 것들은 결코 충분히 인정받지 못한다고 말한다.

9. Students having previous experience with a language [is / are] required to begin studying
   at a higher level.
   한 언어를 사용해 본 사전 경험이 있는 학생들은 더 높은 수준에서 공부를 시작하도록 요구받는다.

정답 1. is   2. gain   3. were   4. works   5. is   6. have   7. is   8. are   9. are

02 주격 관계대명사절의 수일치

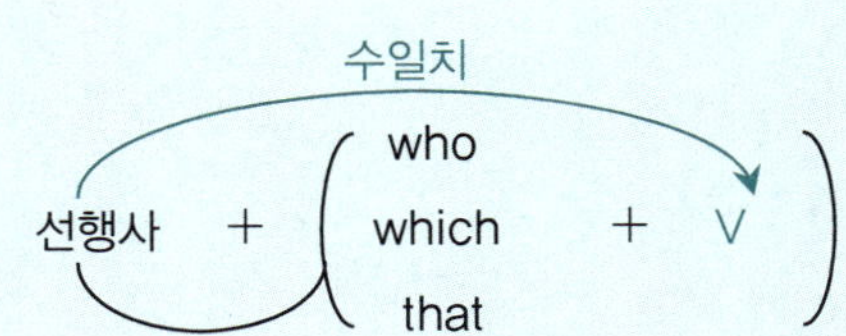

* 주어가 빠진 주격 관계대명사절의 동사의 수일치는 앞에 수식을 받는 명사인 선행사에 맞추어야 한다.
(관계대명사절은 뒤에 형용사절 chapter에서 자세히 공부합니다.)

Quiz 문법상 적절한 것을 고르세요.

1. He has a cousin who [lives / live] in Busan.
그는 부산에 사는 사촌이 있다.
He has cousins who [lives / live] in Busan.
그는 부산에 사는 사촌들이 있다.

2. The number of students who [was / were] late for school was much fewer than I had expected.
학교에 지각한 학생의 수는 내가 예상했던 것보다 훨씬 적었다.

3. She is one of those women who always [speaks / speak] well of others.
그녀는 언제나 다른 사람들을 칭찬하는 여자들 중 한 명이다.

4. Elephants have an essential and unique trunk that [serves / serve] many purposes.
코끼리는 여러 가지 목적으로 쓸 수 있는 필수적이고 독특한 코를 가지고 있다.

5. Houses in hot countries [has / have] many features that [is / are] different from houses in cold countries.
더운 나라의 주택은 추운 나라의 주택과 다른 많은 특징을 가지고 있다.

정답 1. lives / live   2. were   3. speak   4. serves   5. have / are

03 도치 문장에서의 수일치

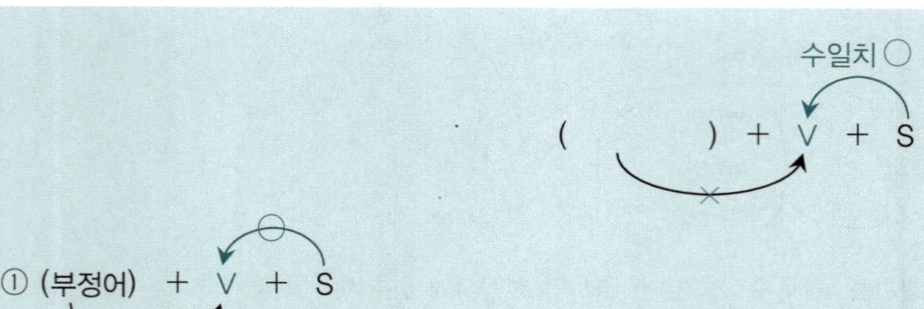

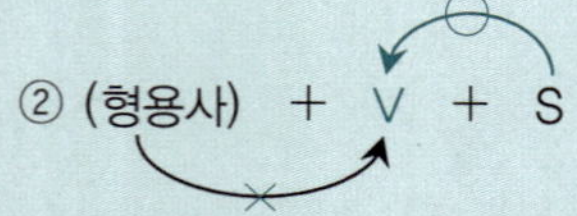

*문장 앞에 부정어가 나가서 주어와 동사 자리의 도치 구조가 만들어진다.

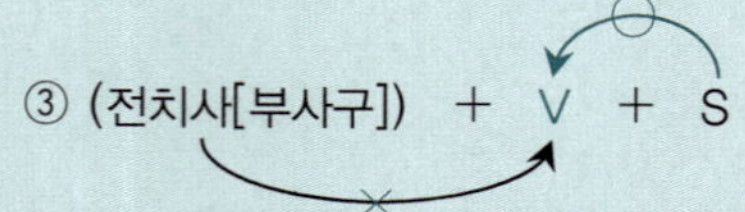

*문장 앞에 형용사가 나가서 주어와 동사 자리의 도치 구조가 만들어진다.

③ (전치사[부사구]) + V + S

*문장 앞에 장소나 방향을 나타내는 부사구 (전치사구)가 나가서 주어와 동사 자리의 도치 구조가 만들어진다.

(도치를 시키는 방법을 비롯해 도치구조와 관련된 자세한 설명은 뒤에 나오는 '도치구조'에서 자세하게 다룹니다.)

Quiz 문법상 적절한 것을 고르세요.

1. Behind the houses [**was** / **were**] the bicycle I wanted.
   그 집들 뒤에 내가 원하던 자전거가 있었다.

2. Blessed [**is** / **are**] the poor in spirit; for theirs is the kingdom of the heaven.
   마음이 가난한 자들은 복이 있나니, 하늘 나라가 그들의 것이다.

3. There [**is** / **are**] two patients in the waiting room.
   대기실에 두 명의 환자가 있다.

4. Never [**has** / **have**] he seen a beautiful woman like IU.
   그는 아이유와 같은 아름다운 여성을 본 적이 없다.

5. Little [**does** / **do**] he imagine that he will pass the exam.
   그는 시험에 합격할 것이라고는 거의 생각하지 않는다.

6. So innocent [**is** / **are**] the man that everyone likes him.
   그 사람은 너무 순수해서 모든 사람들이 그를 좋아한다.

7. Just a few miles from the factories and skyscrapers [**stand** / **stands**] a medieval castle which looks exactly as it did the 12th century.
   12세기 것과 똑같아 보이는 중세 시대의 성이 공장들과 고층 건물들이 있는 곳에서 단지 몇 마일 떨어진 곳에 서 있다.

정답 1. was 2. are 3. are 4. has 5. does 6. is 7. stands

04 명사구(Ving / To V), 명사절(● (s) v) : 단수 취급

```
#      S        +        V(e)s
① 명사
② 대명사
③ To V-
④ V-ing
⑤ ● (⑤) ⓥ
```

주어 자리에는 명사, 대명사, To 부정사구(명사구), 동명사구(명사구), 명사절이 올 수 있다.

주어 자리에 온 명사나 대명사는 단수형과 복수형이 존재하므로 그에 맞추어 동사의 수일치를 시키면 된다.

주어 자리에 To 부정사구(명사구), 동명사구(명사구), 명사절이 오는 경우 동사는 단수형을 쓴다.

```
#      S        +        V(e)s
① To V-
② V-ing      ⎫ 단수취급
③ ● (⑤) ⓥ    ⎭
```

명사절을 이끄는 접속사

```
●           (s)        v
① That
② What
③ Whether
④ 의문사
⑤ whoever / whichever / whatever
```

주어 자리에 오는 명사절을 잘 파악하기 위해서는 명사절을 이끄는 5개의 명사절 접속사 That, What, Whether, 의문사, -ever(whoever / whichever / whatever)를 알고 있어야 한다.

Quiz 문법상 적절한 것을 고르세요.

1. Making pies and cakes [**is** / **are**] my mother's specialty.
파이와 케이크를 만드는 것은 우리 엄마의 전문이다.

2. To keep early hours [**makes** / **make**] a man healthy.
일찍 자고 일찍 일어나는 것은 사람을 건강하게 만든다.

3. Whether you will do it or not [**is** / **are**] up to you.
그것을 할지 말지는 너에게 달려있다.

4. Breaking deeply—rooted old habitual tendencies such as impatience, selfishness, and hesitance [**involve** / **involves**] more than a little willpower.
성급함, 이기심, 망설임과 같은 뿌리 깊은 오래된 습관적 경향을 깨는 것은 작은 의지 이상의 것을 포함한다.

5. That she is a liar [**sounds** / **sound**] strange to me.
그녀가 거짓말쟁이라는 것은 내게 이상하게 들린다.

6. Moving butterflies [**is** / **are**] the sign of a warm spring day.
움직이는 나비들은 따뜻한 봄날의 좋은 징조이다.

정답   1. is   2. makes   3. is   4. involves   5. sounds   6. are

CHAPTER 02

05 부분 of + ◇

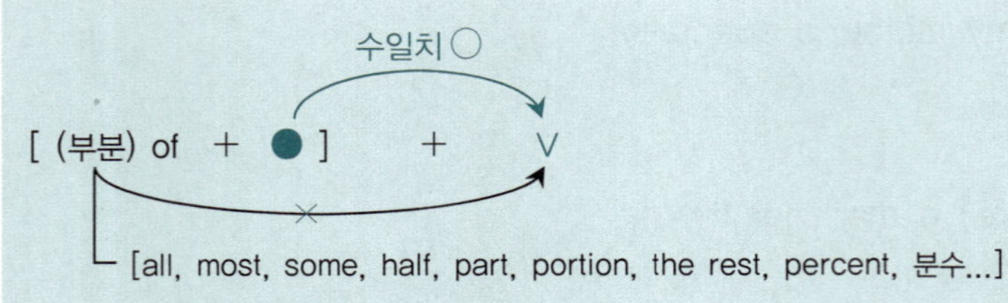

주어 자리에 '부분을 나타내는 말+of 목적어'의 형태가 나오면 동사의 수일치는 of 뒤에 있는 목적어에 맞춘다.

Quiz 문법상 적절한 것을 고르세요.

1. Most of the windows [is / are] broken.
   대부분의 창문이 파손된다.

2. About three-fifths of the houses [is / are] reconstructed.
   집의 약 5분의 3이 재건된다.

3. More than half of my books [was / were] destroyed by the fire last night.
   어젯밤 화재로 내 책의 절반 이상이 파괴되었다.

4. Some of the people who have been trapped by the flood waters [is / are] dehydrated.
   홍수에 갇혔던 사람들 중 일부는 탈수되었다.

정답 1. are 2. are 3. were 4. are

06 the number of / a number of

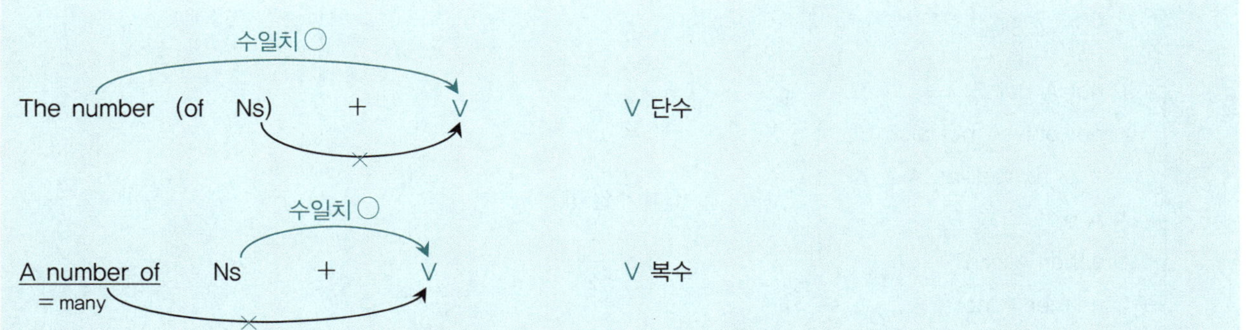

*The number of Ns의 형태는 'Ns의 수'로 해석이 된다. 따라서, 이 형태가 주어 자리에 오면 주어는 The number이므로 동사는 단수 형태의 동사를 쓴다.

*A number of Ns의 형태에서 A number of는 many와 같은 역할을 때문에, 이 형태는 '많은 Ns'로 해석이 된다. 따라서, 이 형태가 주어 자리에 오면 주어는 Ns이므로 동사는 복수 형태의 동사를 쓴다.

Quiz **문법상 적절한 것을 고르세요.**

1. The number of the students in our class [is / are] fifty.

우리 반 학생 수는 50명이다.

2. A number of the students in our class [is / are] absent.

우리 반의 많은 학생들이 결석을 한다.

3. The number of traffic accidents [is / are] on the increase.

교통사고의 수가 늘고 있다.

4. A number of listening tests [contains / contain] short statements in the form of instructions or dictations.

많은 듣기 테스트는 명령이나 지시의 형태로 짧은 설명을 포함하고 있다.

정답 1. is   2. are   3. is   4. contain

07 A, B 접속사 : B

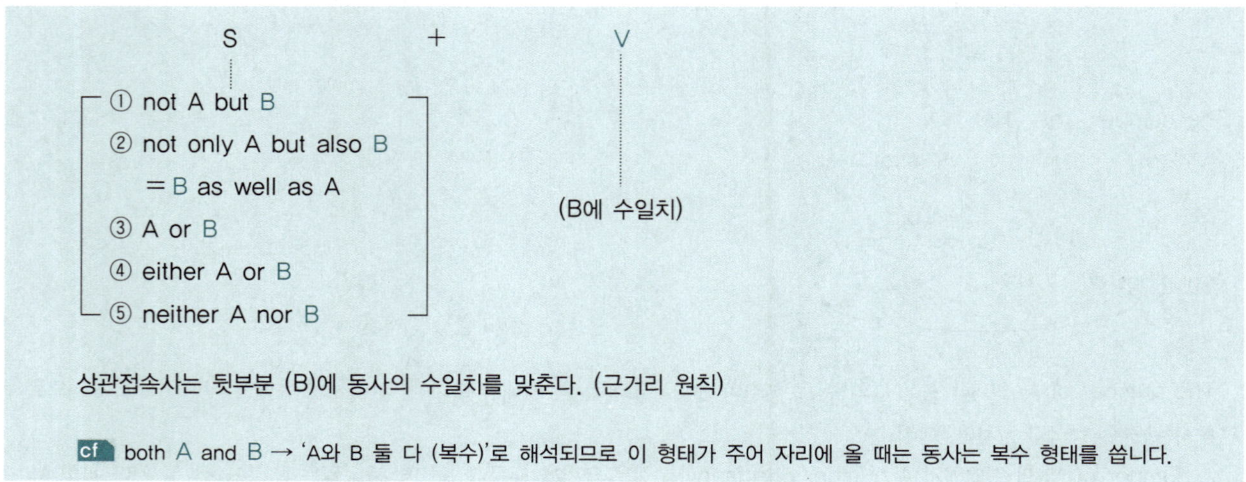

상관접속사는 뒷부분 (B)에 동사의 수일치를 맞춘다. (근거리 원칙)

cf both A and B → 'A와 B 둘 다 (복수)'로 해석되므로 이 형태가 주어 자리에 올 때는 동사는 복수 형태를 씁니다.

Quiz 문법상 적절한 것을 고르세요.

1. Not only the students but also the teacher [is / are] here.
   학생들뿐만 아니라 선생님도 여기에 있다.

2. Neither my sister nor my parents [is / are] here.
   내 여동생도 부모님도 여기 있지 않다.

3. Either you or Tom [has / have] to pay the bill.
   당신이나 Tom 중 한 사람이 청구서를 지불해야 한다.

4. Residents as well as the tourist [enjoys / enjoy] the festival.
   관광객뿐만 아니라 주민들도 축제를 즐긴다.

정답 1. is   2. are   3. has   4. enjoy

08 Every, Each

Every ─┐
        ├─ 단수 N + 단수 V
Each ─┘

Every(모든), Each(각각의)가 문장 앞에 명사와 함께 주어 자리에 오는 경우, 뒤에 오는 명사도 단수 명사를 쓰고 동사도 단수 형태를 쓴다.

Quiz 문법상 적절한 것을 고르세요.

1. Each boy and each girl [is / are] studying hard.
각각의 소년과 소녀는 열심히 공부한다.

2. Every train and every steam boat [was / were] crowded.
모든 기차와 모든 증기선이 붐볐다.

정답 1. is   2. was

UNIT 01 과거, 현재, 미래 시제 (점 (·)의 시제 / 지속 시제)

*과거, 현재, 미래시제는 '특정 시점'을 나타내거나 특정 시점을 기준으로 시간이 '지속'되는 것을 나타낸다.

ex) I lived in Busan two years ago. 나는 2년 전에 부산에 살았다. ⇨ 2년 전이라는 시점을 나타낸다.

ex) I love you. 나는 너를 사랑한다. ⇨ '사랑한다'라는 의미가 현재를 기준으로 과거와 미래를 아우르는 지속적인 시간을 나타낸다.

1 현재시제 (동사는 현재시제의 형태 (V, Vs)를 사용)

01 현재의 지속적인 상태나 동작

① He **teaches** English in a school.
그는 학교에서 영어를 가르친다.

02 현재의 반복적인 습관이나 동작

① I **watch** a cooking show on television every day.
나는 매일 TV에서 요리쇼를 본다.

03 불변의 진리, 통념, 속담

① The earth **goes** round the sun.
지구는 태양 주위를 돈다.

2 　과거시제 (동사는 과거시제의 형태 (Ved, 불규칙 동사의 과거형)를 사용)

01 　과거의 지속적인 상태나 과거의 동작

① My family **moved** to Busan two years ago.
나의 가족은 2년 전에 부산으로 이사했다.

02 　과거의 반복적인 습관이나 동작

① He often **asked** me difficult questions.
그는 나에게 어려운 질문을 자주 했다.

03 　역사적인 사실

① The Vietnam War **ended** in 1975.
베트남 전쟁은 1975년에 끝났다.

CHAPTER 03

3 　미래시제 (동사는 'will＋동사원형'의 형태를 사용)

01 　미래의 상태나 동작

① I **will be** thirty next birthday.
나는 다음 생일에 서른살이 된다.

02 　미래시제 대용 표현들 (동사의 시제는 현재시제이지만 미래 의미를 가진 표현)

① Look at those black clouds. It**'s going to rain**. 　　　[be going to V : ～할 예정이다]
저 먹구름 좀 보세요. 비가 오려고 해요.

② He **is about to move** to the west. 　　　[be about to V : 막 ～하려고 하다]
그는 곧 서쪽으로 이사할 것이다.

③ Our president **is to visit** America in December. 　　　[be to V용법-예정 : ～할 예정이다]
우리의 대통령은 12월에 미국을 방문할 예정이다.

④ Mr. Cho **is due to make** a speech tonight. 　　　[be due to V : ～할 예정이다]
초씨는 오늘 밤 연설을 할 예정이다.

⑤ We **go** to Seoul on business **the day after tomorrow**. 　　　[왕.래.발.착 V 현재＋미래표현]
우리는 모레 서울로 출장을 간다. 　　　ex) go, come, leave, arrive

UNIT 02 완료시제 (선 (↷)의 시제)

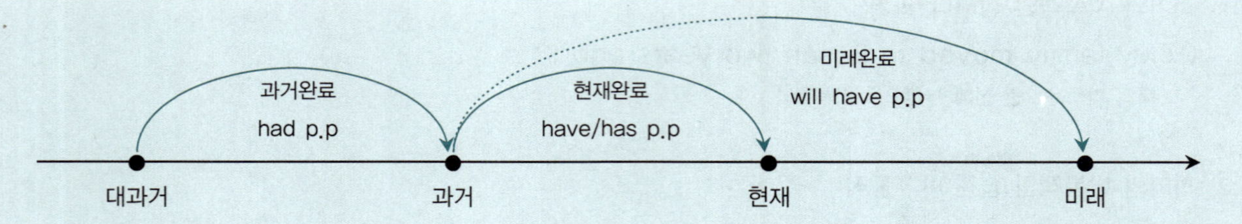

* 완료시제는 기준시점부터 특정 시점까지 계속 영향을 미치는 시간을 나타내는 시제이다.

현재완료 : 과거 ↷ 현재

과거완료 : 대과거 ↷ 과거

미래완료 : 과거 ↷ 현재 ↷ 미래

cf He died five years ago. = He has been dead for five years.
그는 5년 전에 죽었다.

cf I have lost my watch.　vs　I lost my watch yesterday.
나는 시계를 잃어버렸다.　　　　나는 어제 시계를 잃어버렸다.

1 현재완료 (have/has p.p)

01 완료 (주로 already, just, yet 등과 함께 쓰임)

① I **have** already **had** dinner.
나는 이미 저녁을 먹었다.

02 경험 (주로 ever, never, once, before 등과 함께 쓰임)

① I **have** never in my life **learned** anything from the man.
나는 내 인생에서 그 남자에게 배운것이 아무것도 없다.

03 계속 (for＋기간, since＋기준시점 등과 함께 쓰임)

① She **has taught** English for ten years.
그녀는 영어를 가르친지 10년이 되었다.

04 결과

① I **have lost** my watch.
나는 나의 시계를 잃어버렸다.

2 과거완료 (had p.p)

01 **대과거 :** 특정 과거보다 더 이전의 과거

① As I **had seen** him before, I recognized him at once.
나는 그를 전에 본 적이 있기 때문에, 나는 그를 즉시 알아봤다.

02 **과거완료** (완료 / 경험 / 계속 / 결과)

① She **had lived** in Seoul when the Korea War broke out.
그녀는 한국전쟁이 발발했을 때, 서울에 살았다.

3 미래완료 (will have p.p)

> * 미래의 기준시점   +   완료 / 경험 / 계속 / 결과
> ↳ 미래부사구 (by+미래시점)   ↳ n times / for –
>   ↳ ~무렵에, ~경에
> ↳ if절(미래)
>
> 미래완료는 미래의 기준시점을 나타내는 표현과 'n times (n번) / for – (–동안)'등의 표현과 같이 쓰인다.

① He **will have been** in hospital for two weeks by next Sunday.
그는 다음 주 일요일이면 병원에 2주 동안 있게 되는 것이다.

② I **will have read** this poem three times if I read it again.
내가 이 시를 다시 읽는다면 나는 이 시를 세 번 읽게 되는 것이다.

UNIT 03 진행시제 (점선 (⋯)의 시제)

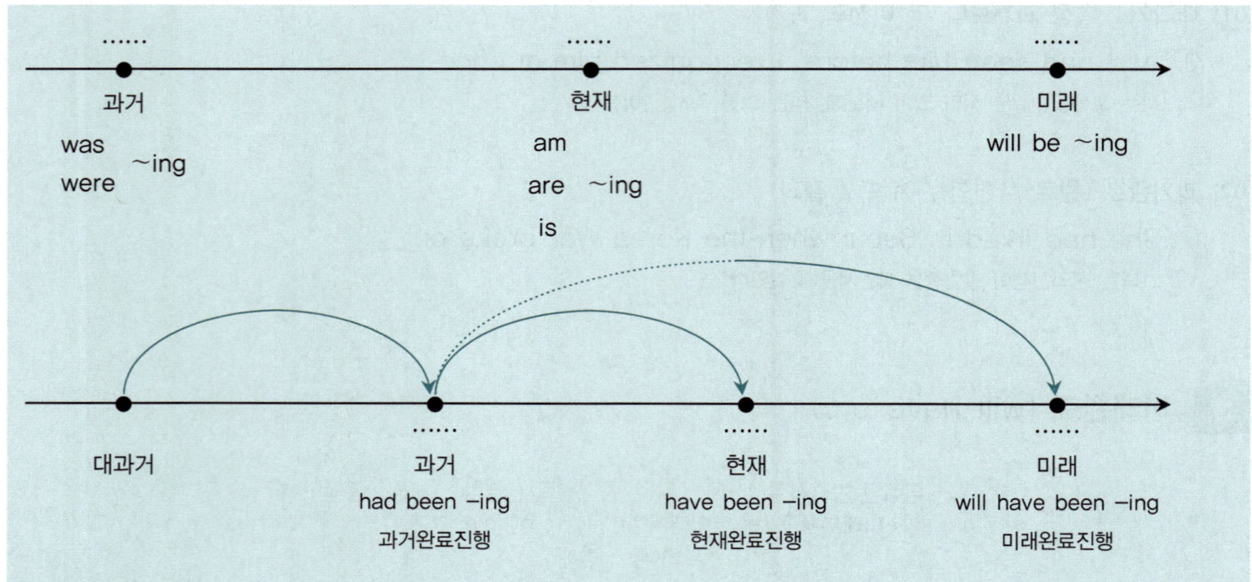

진행시제는 기준시점을 기준으로 약간의 과거와 약간의 미래를 아우르는 시간을 나타낸다. 보통 '~하는 중이다'라고 해석이 되며 'be동사＋~ing'의 형태로 표현한다.

1 진행형

01 현재 진행형 (am/are/is ~ing)

① I **am studying** English grammar.
나는 영어 문법을 공부하고 있는 중이다.

02 과거 진행형 (was/were ~ing)

① She **was singing** when he came.
그가 왔을 때, 그녀는 노래를 부르고 있는 중이었다.

03 미래 진행형 (will be ~ing)

① When you get home, I'll **be flying** over the Pacific.
네가 집에 도착하면 나는 태평양 상공으로 비행 중일 것이다.

2 완료진행

01 **현재완료 진행** (have/has been ~ing)

① He **has been studying** English for ten years.
그는 10년 동안 영어를 공부하고 있는 중이다.

02 **과거완료 진행** (had been ~ing)

① I **had been waiting** for an hour when he returned.
그가 돌아왔을 때 나는 한 시간을 기다리고 있는 중이었다.

03 **미래완료 진행** (will have been ~ing)

① I **will have been reading** this novel by noon.
나는 정오까지 이 소설을 읽고 있는 중일 것이다.

UNIT **04**　시제 대결

1　점 (·)의 시제　vs　선 (⌒)의 시제
　　　↳ 과거시제　　　　　　↳ 현재완료

과거시제　+　시점 표현
　　　　　– ago (–전에)
　　　　　last – (지난–)
　　　　　in 과거 연도
　　　　　특정과거표현 : yesterday (어제), then (그때), once (예전에), before (이전에),
　　　　　　　　　　　　those days (그 당시에), at that time (그때), …

완료시제　+　기간 표현
　　　　　since – (–이후로), for – (–동안), over – (–동안), until – (–까지),
　　　　　up to – (–까지), so far (지금까지), …

과거시제와 현재완료를 구분하는 시제 대결 문제가 자주 나온다. 이때 과거시제와 같이 쓰이는 표현과 현재완료와 같이 쓰이는 표현을 알아두면 편하다.

Quiz 문법상 적절한 것을 고르세요.

1. In the summer of 2001, he [visited / has visited] Asan, Korea, to participate in a house-building project.
   2001년 여름, 그는 주택 건설 프로젝트에 참여하기 위해 한국의 아산을 방문했다.

2. I [was / had been] in the army for a month.
   나는 한 달 동안 군대에 있었다.

3. There [were / have been] a lot of research activities in this field since then.
   그 이후로 이 분야에는 많은 연구 활동이 있었다.

4. He [left / has left] home three weeks ago and we haven't heard from him since.
   그는 3주 전에 집을 떠났고 우리는 그 이후로 그의 소식을 듣지 못했다.

5. Since the 1990s, many youngsters [enjoyed / have enjoyed] playing computer game.
   1990년대 이후로 많은 젊은이들이 컴퓨터 게임을 즐겼다.

정답 1. visited   2. had been   3. have been   4. left   5. have enjoyed

---

2 선 (∩)의 시제 vs 선 (∩)의 시제
    ↳ 현재완료   ↳ 과거완료 / 미래완료

\# 시간의 수평선＋'기준 시점' 찾기 ＋'접속사' 주의

선의 시제끼리의 시제 대결 문제는 시간의 수평선을 그려 보는 것이 편하다. 이때, 기준이 되는 시점을 먼저 표시하고 생각해야 하고, 접속사를 주의해야 한다.

Quiz 문법상 적절한 것을 고르세요.

1. They [**had been** / **have been**] waiting in the subway for 10 hours when the repairman finally showed up.

   그들은 10시간 동안 지하철에서 기다리고 있었는데 마침내 수리공이 나타났다.

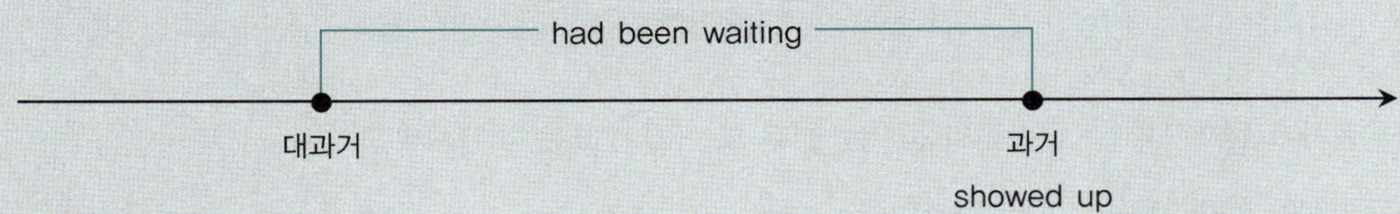

2. He [**has solved** / **had solved**] the problem until the bell rang.

   그는 벨이 울릴 때까지 그 문제를 해결했다.

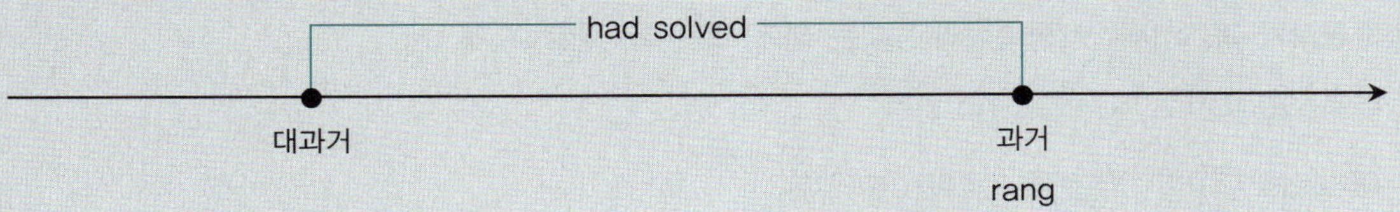

3. By the time she arrives, we [**will have finished** / **have finished**] our homework.

   그녀가 도착할 때쯤 우리는 숙제를 끝낼 것이다.

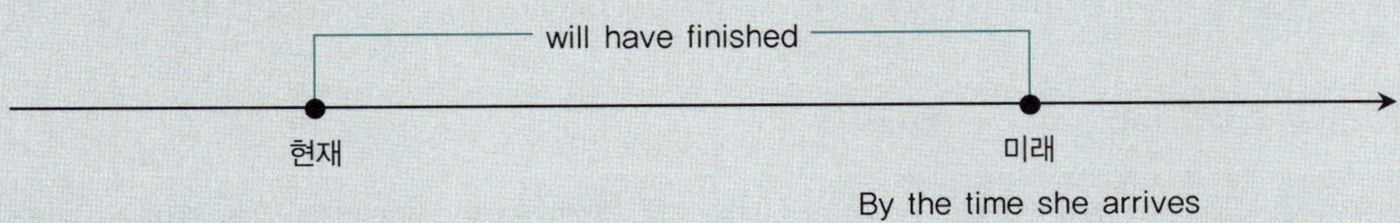

4. Alice had never had a date with a guy [**before** / **since**] she lost a lot of weight.

   Alice는 살을 많이 빼기 전에 남자와 단 한번도 데이트를 한 적이 없었다.

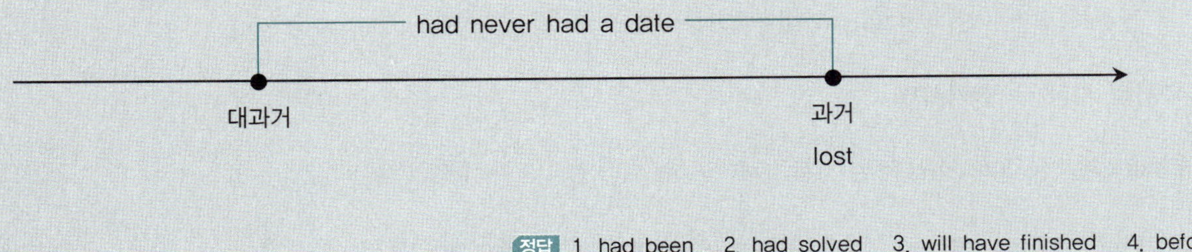

정답 1. had been   2. had solved   3. will have finished   4. before

UNIT 05 시제 일치의 예외

1 시제 일치 Basic

시제 일치 : 주절과 종속절로 이루어진 복문에서 종속절의 동사의 시제를 주절의 동사의 시제를 기준으로 정하는 것을 말한다.

01 주절의 동사가 **현재시제** → 종속절의 동사는 **현재** 또는 **과거** 또는 **미래**시제

① I <u>believe</u> that he is honest.

② I <u>believe</u> that he was honest.

③ I <u>believe</u> that he will be honest.

02 주절의 동사가 **과거시제** → 종속절의 동사는 과거 또는 과거완료 시제

① I <u>believed</u> that he was honest.

② I <u>believed</u> that he had been honest.

2 시제 일치의 예외

1에서 제시한 시제 일치의 원칙이 안 지켜지는 경우를 말한다. 즉, 주절의 시제에 따라서 종속절의 시제를 일치시키지 않는 경우다.

01 불변의 진리, 과학적 fact, 속담 → 현재시제

종속절의 내용이 불변의 진리나 과학적 사실 또는 속담이 나오는 경우, 주절의 시제와 상관없이 항상 현재시제를 사용한다.

① He <u>discovered</u> that the earth **goes** round the sun.
그는 지구가 태양 주위를 돈다는 것을 발견했다.

② The teacher <u>said</u> that water **boils** at 100^0C.
선생님은 물이 100°C에서 끓는다고 말씀하셨다.

02 역사적 사실 → 과거시제

종속절의 내용이 역사적 사실인 경우, 주절의 시제와 상관없이 항상 과거시제를 사용한다.

① We came to know that The Vietnam War **ended** in 1975.
우리는 베트남 전쟁이 1975년에 끝났다는 것을 알게 되었다.

03 시간과 조건의 부사절

기본 원칙) 시간과 조건의 부사절 → 내용 : 미래 BUT 시제 : 현재

시간과 조건의 부사절에서는 미래의 내용이지만 시제는 현재시제를 사용한다.

접속사

시간의 접속사 → when (~할 때), as soon as (~하자마자), before (~전에),
after (~후에), while (~하는 동안에), by the time (~할 무렵에),
the next time (다음번에 ~할 때)

조건의 접속사 → if (만약에 ~한다면), unless (~하지 않는다면), once (일단 ~하면),
as long as (~하는 한), in case (~인 경우에), provided (~한다면)

when과 if를 넘어서서, 다양한 시간의 부사절의 접속사와 조건의 부사절의 접속사를 알아두어야 한다.

Quiz) 문법상 적절한 것을 고르세요.

1. If it [will be / is] nice weather tomorrow, I will finish the work.
내일 날씨가 좋으면 그 일을 끝낼 것이다.

2. I'll call you when I [finish / will finish] my lunch.
내가 점심을 다 먹었을 때 전화할 것이다.

3. You had better wait until the police [come / will come].
경찰이 올 때까지 기다리는 것이 좋겠다.

4. It will be dark by the time he [gets / will get] there.
그가 그곳에 도착할 때쯤이면 날이 어두워질 것이다.

5. I'll give you the allowance as long as you [keep / will keep] doing your homework in time.
숙제를 계속해서 제 때에 한다면 용돈을 줄게.

6. I'll call you provided that I [get off / will get off] from work early.
일찍 퇴근하면 전화 드리겠습니다.

정답 1. is   2. finish   3. come   4. gets   5. keep   6. get off

* caution) 시간과 조건의 부사절 접속사가 보이지만 명사절 / 형용사절 (즉, 부사절 ✕)

→ 내용 : 미래   AND   시제 : 미래

시간과 조건의 부사절 접속사로 보이지만, 사실은 명사절이나 형용사절을 유도하는 접속사인 경우를 조심해야 한다.

when : 명사절 접속사, 형용사절 접속사, 부사절 접속사로 다 쓰일 수 있다는 점에 주의한다.

if : 명사절 접속사와 부사절 접속사로 쓰일 수 있다는 점에 주의한다.

Quiz 문법상 적절한 것을 고르세요.

1. I don't know when Keith [**will put out** / **puts out**] a new album.

나는 Keith가 언제 새 앨범을 낼지 모르겠다.

2. I don't know the time when Keith [**will put out** / **puts out**] a new album.

나는 Keith가 언제 새 앨범을 낼지 모르겠다.

3. She doesn't know if the President [**will resign** / **resign**].

그녀는 대통령이 사임할지 안할지 여부를 모른다.

정답 1. will put out   2. will put out   3. will resign

UNIT 06 시제 표현

1 have been to 장소   vs   have gone to 장소
↳ ~에 다녀온 적이 있다   ↳ ~에 가버렸다

① She **has gone to** America. I'm missing her.
그녀는 미국으로 갔다. 나는 그녀가 그립다.

② He **has** never **been to** Asia before, but he is going to visit Korea by way of Hong Kong next month.
그는 전에는 아시아에 가본 적이 없지만 다음달 홍콩을 경유해 한국을 방문할 예정이다.

2 A하자마자 B하다

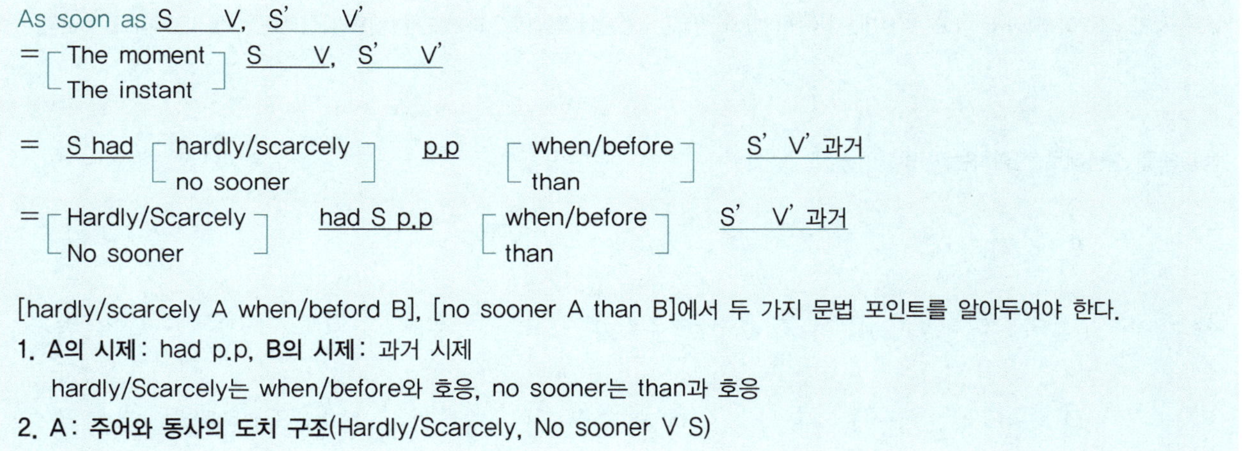

[hardly/scarcely A when/beford B], [no sooner A than B]에서 두 가지 문법 포인트를 알아두어야 한다.
1. **A의 시제**: had p.p, **B의 시제**: 과거 시제
   hardly/Scarcely는 when/before와 호응, no sooner는 than과 호응
2. **A**: 주어와 동사의 도치 구조(Hardly/Scarcely, No sooner V S)

① **As soon as** he began to study, the light went out.
그가 공부를 시작하자마자 불이 꺼졌다.

= The moment [The instant] he began to study, the light went out.
= He had **hardly/scarcely** begun to study **when/before** the light went out.
= He had **no sooner** begun to study **than** the light went out.
= Hardly/Scarcely had he begun to study **when/before** the light went out.
= **No sooner** had he begun to study **than** the light went out.

3 It will not be long before S V현재형 → 머지않아 ~할 것이다

① **It will not be long before** our dream comes true.
머지않아 우리의 꿈이 실현될 것이다.

동사의 능동태와 수동태

UNIT **01**　수동태

모양＋해석

모양 (해석)	능동		수동	
V	(직접) ~하다	be p.p	되어지다 / 당하다 / 받다
~ing	~ing (직접) ~하는	p.p	되어지는 / 당하는 / 받는

일반적인 V의 형태가 그대로 나오면 능동태의 문장이 되고, V 자리에 'be 동사＋과거분사'의 형태가 나오면 수동태의 문장이 된다.

be동사가 생략이 되어서 나오는 현재분사(~ing)의 형태는 능동의 의미로, 과거분사(p.p)의 형태는 수동의 의미로 쓰인다.

구조

능동태를 수동태로 전환하는 방법

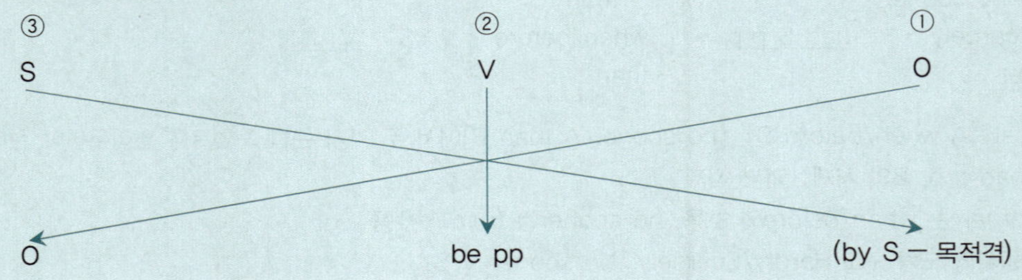

01 3형식의 수동태

① He ate the dish. ➔ The dish **was eaten** (by him).
그는 그 요리를 먹었다.   (수동태)

02 4형식의 수동태

① He gave me a present. ➔ I **was given** a present (by him).
그는 나에게 선물을 주었다.   (수동태)

➔ A present **was given** to me (by him).
(수동태)

03 5형식의 수동태

① He made them teachers. ➔ They **were made** teachers (by him).
그는 그들을 선생님으로 만들었다.   (수동태)

+@ 능동 vs 수동 문제 해결 3 steps

1st step ┌ 능동 vs 수동 해석에 걸리는 대상을 찾는다.
└ 동사 자리에서 '능동 vs 수동'을 묻는 경우는 해석에 걸리는 대상은 주어이다.

2nd step ┌ 해석 적용
└ 능동의 경우 '~하다'의 해석이, 수동의 경우 '~되어지다, 당하다, 받다'의 해석이 적용된다.

3rd step ┌ 목적어(○) 有 / 無
├ V3 능동＋목적어 有
└ V3 수동＋~~목적어~~ 無

3형식 동사에서 '능동 vs 수동'을 묻는 경우, 목적어 유/무로 판단할 수도 있다.
3형식 동사의 능동형 다음에는 목적어가 있고, 3형식 동사의 수동형 다음에는 목적어가 없다.

CHAPTER 04

UNIT 02 능동 vs 수동 판별

1 V자리

01 V vs be+p.p (동사자리에서 수동태의 기본 모양)

현재: am / are / is+p.p
과거: was / were+p.p
미래: will be+p.p

수동태의 시제는 be V가 결정한다.
조동사+be+p.p

Quiz 문법상 적절한 것을 고르세요.

1. Those pyramids [built / were built] around 400 AD.
   그 피라미드들은 대략 AD 400년 경에 지어졌다.

2. The public [will invite / will be invited] to a lecture by the famous author.
   대중은 그 유명한 작가의 강연에 초대될 것이다.

3. She [seats / is seated] on the bench.
   그녀는 벤치에 앉아 있다.

4. Moles [believe / are believed] to foretell the future.
   점들은 미래를 예측하는 것으로 믿어진다.

정답 1. were built   2. will be invited   3. is seated   4. are believed

02 be ~ing vs be being p.p

진행 수동 = 진행＋수동 → be ~ ing ＋ be p.p
                           → be being p.p
해석 : ~되어지고 있는 중이다

종류
현재 : am / are / is＋being＋p.p
과거 : was / were＋being＋p.p
미래 : will be＋being＋p.p

Quiz 문법상 적절한 것을 고르세요.

1. I didn't realize that our conversation [was recording / was being recorded].
나는 우리의 대화가 녹음되고 있다는 중인 것을 깨닫지 못했다.

2. I do not think that enough attention [is giving / is being given] to this matter.
나는 이 문제에 충분한 주의가 기울여지고 있는 중이라고 생각하지 않는다.

3. When you get home, The desk will be [carrying / being carried] to my office.
당신이 집에 도착할 때, 그 책상은 제 사무실로 배달되는 중일 것입니다.

정답 1. was being recorded 2. is being given 3. being carried

03 완료시제 vs 완료수동

① have(has) p.p   vs   have(has) been p.p
　현재완료   현재완료수동
② had p.p   vs   had been p.p
　과거완료   과거완료수동
③ will have p.p   vs   will have been p.p
　미래완료   미래완료수동

\# 완료 수동 ＝ 완료＋수동 → have p.p＋be p.p
　　　　　　　　　　　　　 → have been p.p

\# 해석 : ～ 되어져 오고 있다

\# 종류
　현재 : have (has)＋been＋p.p
　과거 : had＋been＋p.p
　미래 : will have＋been＋p.p

Quiz 문법상 적절한 것을 고르세요.

1. Copper [has / has been] used for coins throughout recorded history.
　구리는 기록된 역사 전반에 걸쳐 동전에 사용되어 왔다.

2. Many universities offered Korean language programs in Korea and abroad, and many textbooks had [produced / been produced] for learners of Korean.
　많은 대학들이 국내외에서 한국어 프로그램을 제공했고, 많은 교과서들이 한국어를 배우는 학생들을 위해 제작되었다.

3. Human beings [have been seeking / have been sought] new ways to cure illness and look after the sick for thousands of years.
　인간은 수천 년 동안 병을 치료하고 환자를 돌보는 새로운 방법들을 찾고 있다.

4. By next month he will [have been teaching / have been taught] mathematics at this school for twenty-five years.
　다음달이면 그는 이 학교에서 25년 동안 수학을 가르치게 되는 것이다.

정답 1. has been   2. been produced   3. have been seeking   4. have been teaching

04 지각 V / 사역 V의 수동태

S+지각V+O+O.C → O+[be+지각V –p.p]+O.C (by S)
　　　동사원형　　　　　　　　　　　　　　to V

S+사역V+O+O.C → O+[be+사역V –p.p]+O.C (by S)
　　　동사원형　　　　　　　　　　　　　　to V

동사 자리에 지각동사나 사역동사가 와서 목적격 보어 자리에 동사원형이 오는 능동태의 문장이 수동태로 바뀔 때, 목적격 보어 자리에 있던 동사원형은 to 부정사로 바뀐다.

① My mom had me **clean** the house.
엄마는 나에게 집 청소를 시켰다.

→ I was had **to clean** the house (by my mom). – 수동태

② Over the last decade, we saw many Korean companies **enter** overseas markets.
지난 10년간, 우리는 많은 한국 기업들이 해외 시장에 진출하는 것을 보았다.

→ Over the last decade, Many Korean companies was seen **to enter** overseas market (by us). – 수동태

Quiz 문법상 적절한 것을 고르세요.

1. The girl was heard [sing / to sing] a song.
그 여자아이가 노래를 부르는 것을 들었다.

2. She was made [wait / to wait / waiting] for over an hour.
그녀는 한 시간 이상 동안 기다리게 되었다.

정답 1. to sing　2. to wait

2 접 [Ving vs p.p], S'+ V' - .

01 접 S be Ving / p.p, S' V' - .

S = S'이면 → 〈 S+be V 〉 생략 가능
          → 접+[Ving / p.p], S'+ V' - .

*접 ~ing,   S'   V' -.
      vs
      p.p

02 능동 vs 수동 HOW TO

접+[Ving vs p.p] S'+V' -.
          V

주절의 주어를 현재분사(~ing)나 과거분사(p.p) 앞으로 가져와서 해석으로 풀거나, 3형식 동사의 현재분사(~ing)나 과거분사
(p.p)의 경우 목적어 유/무로 푼다.

Quiz 문법상 적절한 것을 고르세요.

1. While [crossing / crossed] the street on my way to school, I met with an accident.
   학교 가는 길에 길을 건너다가 한 사고와 마주했다.

2. Cancer can be cured if [discovered / discovering] in time.
   제 때에 발견되어진다면 암은 치료되어질 수 있다.

3. If [losing / lost], tell the phone clerk that you are on the fourth floor near the place.
   길을 잃어버린다면, 전화 담당 직원에게 당신이 그 장소 근처 4층에 있다고 말하세요.

4. When [asking / asked] what helped her quit overeating, she says it was sheer willpower.
   무엇이 그녀가 과식을 그만두는 데 도움이 되었는지 질문 받을 때, 그녀는 그것이 순전히 의지력이었다고 말한다.

정답 1. crossing 2. discovered 3. lost 4. asked

3 감정V의 능동 / 수동

01 감정V

surprise/astonish (놀라게 하다)   embarrass/confuse/puzzle/bewilder (당황스럽게 하다)

depress (우울하게 하다)   disappoint (실망스럽게 하다)   frighten (두렵게 하다)   annoy/irritate (짜증나게 하다)

interest (흥미롭게 하다)   excite (흥분시키다)   amuse (즐겁게 하다)   satisfy (만족시키다)

bore (지루하게 하다)

02 감정V의 능동 / 수동 Tip

① 감정V 의 대상발견

② 대상

人(사람) ⇨ 감정V-p.p

－ 감정 동사라는 전제하에, 해석에 걸리는 대상이 사람이면 감정 동사의 과거분사형(p.p)을 쓴다.

物(사물) ⇨ 감정V-ing

－ 감정 동사라는 전제하에, 해석에 걸리는 대상이 사물이면 감정 동사의 현재분사형(~ing)을 쓴다.

Quiz 문법상 적절한 것을 고르세요.

1. This weather is [depressing / depressed].
   이 날씨는 우울하다.

2. This weather makes me [depressing / depressed].
   이 날씨는 나를 우울하게 만든다.

3. Going to new places is always [exciting / excited].
   새로운 장소에 가는 것은 항상 흥미롭다.

4. She is really [exciting / excited] about going to Mexico.
   그녀는 멕시코에 가는 것에 대하여 정말 흥분하고 있다.

5. Why do you always look so [boring / bored] ? Is your life really so [boring / bored] ?
   당신은 왜 항상 그렇게 지루해 보이죠? 당신의 삶이 정말로 그렇게 지루한가요?

정답 1. depressing   2. depressed   3. exciting   4. excited   5. bored / boring

UNIT 03 　수동태 불가

1 　자동사는 목적어를 수반하지 않으므로 수동형(p.p / be p.p)이 불가능

〈대표적인 자동사〉

appear (나타나다)　disappear (사라지다)　arrive (도착하다)　come (오다)　consist in (~에 [놓여] 있다)

exist (존재하다)　happen / arise / occur / take place (발생하다)　remain (~남아있다)

Quiz 　문법상 적절한 것을 고르세요.

1. The problem [**remains** / is remained] unsolved.

　그 문제는 해결되지 않은 채 남아있다.

2. Something must have [**happened** / been happened] to him.

　그에게 무슨 일이 생겼음에 틀림없다.

정답 1. remains　2. happened

2 　감각동사 (look, seem, appear, sound, feel) ⇨ 수동 불가

look (보다)　seem (~인 것 같다)　appear (나타나다)　sound (듣다)　feel (느끼다)

감각 동사도 2형식 동사로 자동사이므로 수동태가 불가능하다.

Quiz 　문법상 적절한 것을 고르세요.

1. The orange [**seems** / is seemed] rotten inside.

　그 오렌지의 안쪽이 썩은 것 같다.

2. The story [**sounds** / is sounded] strange to me.

　그 이야기는 내게 이상하게 들린다.

정답 1. seems　2. sounds

3 consist of

해석은 '되어지다'로 수동이지만 형태는 수동 불가 (능동형)

cf 구성하다 → (수동태) ~로 구성되어지다
make up → be made up of
compose → be composed of
consist of

Quiz 문법상 적절한 것을 고르세요.

1. The football team [consists of / is consisted of] 11 members.
그 축구팀은 11명의 멤버로 구성된다.

정답 1. consists of

4 belong to

해석은 우리말로 했을 때 수동(되어지다)으로 해석이 가능할 수도 있지만 형태는 수동 불가 (능동형)

Quiz 문법상 적절한 것을 고르세요.

1. The orchard [belongs / is belonged] to my father.
그 과수원은 나의 아버지 것이다.

정답 1. belongs

5 result in/ from

* 원인 <u>result in</u> 결과
  └ ~결과를 가져오다[~초래하다 / 야기시키다]

* 결과 <u>result from</u> 원인
  └ ~로부터 나오다(~로부터 유래하다)

Disease often results from poverty. 질병은 종종 빈곤으로부터 나온다.

→ Poverty is often resulted from by disease. (✕)

→ Poverty often result in disease. (○)

Quiz 문법상 적절한 것을 고르세요.

1. Her tooth decay [**resulted from** / **was resulted from**] poor care of her teeth.
   그녀의 충치는 그녀의 부실한 치아 관리 때문이었다.

정답 1. resulted from

UNIT 04 수동태 + @

1 자동사이지만 수동 가능

\# 앞에서 공부한 'V1+전치사' 덩어리 (자동사+전치사 → 목적어 O) → 수동 가능 (전치사 생략 ×)

\# 수동 불가능한 덩어리 조심 (예를 들어, 앞에서 배운 consist of, belong to 등)
 Tip 덩어리를 하나의 뜻을 가진 단어로 인식

① I **looked after** my younger brother all day in place of my mother.

→ My younger brother **was looked after** all day in place of my mother (by me).
 나는 하루 종일 어머니 대신 나의 남동생을 돌보았다.

② All of the members **look up to** him as a wise team leader.

→ He **is looked up to** as a wise team leader (by all of the members).
 모든 멤버들은 그를 현명한 팀 리더로 존경한다.

2 (능동형) Verb A 전치사 B → (수동형) A be verb-p.p 전치사 B

└ 전치사 생략 ×

① People often **attribute** their failure **to** fate.

→ Their failure **is** often **attributed to** fate (by people).
 사람들은 종종 자신의 실패를 운명 탓으로 돌린다.

② My grandmother **refers to** me **as** a baby pig.

→ I **am referred to as** a baby pig (by my grandmother).
 할머니는 나를 아기돼지라고 하신다.

UNIT 01 기본 조동사

1 must

01 의무 : 해야 한다 (＝ have to / 과거형 had to)

① We **must** create new opportunities for our children.
우리는 우리의 아이들을 위해 새로운 기회들을 만들어야 한다.

02 추측(강한 추측) : −임에 틀림없다 (과거형 must have p.p)

① She **must** be excited to play soccer.
그녀는 축구를 하는 것에 재미있어 하는 것이 틀림없다.

2 can

01 가능 : ～할 수 있다 (＝ be able to V ＝ be capable of Ving)

① My son **can** ride a bike.
   ＝ My son **is able to** ride a bike.
   ＝ My son **is capable of** riding a bike.
나의 아들은 자전거를 탈 수 있다.

02 추측(could) : −일 수도 있다

① The phone is ringing. It **could** be my mom.
전화기가 울린다. 나의 엄마일 수도 있다.

03 허가 : −해도 좋다

① **Can** I ask a question?
질문 하나 해도 되나요?

3 cannot

01 불가능 : −할 수 없다 (= be unable to V = be incapable of Ving)

① I **cannot** hear your voice.
나는 너의 목소리를 들을 수 없다.

02 부정 추측 : −일 리가 없다

① He **cannot** be my long-lost brother.
그는 나의 오랜 잃어버린 형제일 리가 없다.

4 may[might]

01 추측 : −일지도 모른다

① He **may** be a robber.
그는 강도일지도 모른다.

02 허가 : −해도 좋다

① **May** I come in?
들어가도 되나요?

5 should

01 의무 : −해야 한다 (= ought to)

① We **should** keep the Earth clean for our offspring.
우리는 우리의 자손을 위해 지구를 깨끗이 유지해야 한다.

02 추측 : 아마 −일 것이다 (= could)

① I think, naturally, people **should** be driven to forget undesirable events.
자연스럽게, 사람들은 아마도 바람직하지 않은 사건들을 잃어버리게 될 것이라고 나는 생각한다.

03 가정법 미래

① If I **should** be born again, I would be an actor.
내가 다시 태어나면, 배우가 될 것이다.

6 would (cf will − (명사) 의지)

[01] **과거 − 불규칙적인 습관 : −하곤 했다**

① He **would** take a walk to the park after lunch.
그는 점심식사 후에 공원으로 산책을 가곤 했다.

[02] **주장, 고집 : −하고 싶어하다**

① She **would** not listen to me because she didn't like me.
그녀는 나를 좋아하지 않았기 때문에 내 말을 들으려 하지 않았다.

[03] **시제 일치**

① Two year ago, I thought that she **would** be a lawyer.
2년 전, 나는 그녀가 변호사가 될 것이라고 생각했다.

[04] **가정법**

① If I were a bird, I **would** fly to you.
내가 새라면 너에게 날아갈 텐데.

[05] **공손한 표현**

① **Would** you step forward?
앞으로 가시겠어요?

[06] **추측 : 아마 −일 것이다**

① To finish the work **would** take two days.
내가 그 일을 끝내려면 아마 이틀이 걸릴 것이다.

[07] **do**

① V 강조 − do / does / did＋V원형
I **do** love you.
나는 널 정말 사랑해.

② 의문문 / 부정문 / 도치
Where **do** you live? / I **don't** know where you live. / Never **did** I live there.
어디에 사세요? / 나는 너가 어디에 사는지 몰라. / 나는 절대로 그곳에 살지 않았다.

③ 대동사

    A : I like an apple.
    나 사과 좋아해.

    B : So **do** I.
    나도 그래.

UNIT 02   조동사 have p.p

조동사 have p.p
① [context] 조동사 have p.p
        └ 종류
② [시제] 조동사 [V원형 vs have p.p]

1   추측 4가지

① must have p.p : 이었음에 틀림없다
② may [might] have p.p : 이었을지도 모른다
③ cannot have p.p : 이었을 리가 없다
④ could have p.p : 이었을 수도 있다

① You **must have taken** another person for him.
   당신은 다른 사람을 그로 착각했음에 틀림없다.

② She **may have missed** her usual bus. She is late this morning.
   그녀는 평소에 타던 버스를 놓쳤을지도 모른다. 그녀는 오늘 아침에 늦고 있다.

③ That stranger **can't have lost** his way, for I explained the route many times and drew him a map carefully.
   그 초행자는 길을 잃었을 리가 없다. 왜냐하면 나는 그 길을 여러 번 설명했고 그에게 조심스럽게 지도를 그려 주었기 때문이다.

④ I got into an accident while I was riding my motorcycle. My helmet was split in half. That **could have been** my head.
   오토바이를 타다가 사고를 당했다. 내 헬멧이 반으로 쪼개졌다. 그것이 내 머리일 수도 있었다.

2 후회 3가지

1. should have p.p : - 했었어야 했는데 (= ought to have p.p)
2. should not have p.p : - 하지 말았어야 했는데
3. need not have p.p : - 할 필요가 없었는데

① You **should have been** more considerate.
당신은 더 사려 깊었어야 했는데.

② I **needn't have written** to him because he phoned me shortly afterwards.
그가 곧 나에게 전화했기 때문에 나는 그에게 편지를 쓸 필요가 없었다.

③ The hardest work in the world is what **ought to have been done** yesterday.
세상에서 가장 힘든 일은 어제 했어야 하는 일이다.

Quiz 다음 문장에서 맞는것을 고르세요.

1. The child cut his right hand. Susan [may / should] not have given the child scissors to play with.
그 아이는 오른손을 베었다. Susan은 그 아이에게 가위를 주지 말았어야 했다.

2. At twenty, I could [write / have written] the history of my school days with an accuracy which would be quite impossible now.
스무 살 때, 저는 제 학창시절의 역사를 아주 정확하게 쓸 수도 있었는데, 지금은 상당히 불가능할 것입니다.

3. Tony and Jenny haven't talked to each other for days. They must [argue / have argued] seriously.
Tony와 Jenny는 며칠 동안 서로 이야기하지 않았다. 그들은 심각하게 다투었음에 틀림 없다.

4. Thank you for your present, but you [must / should] not have done this.
당신의 선물은 고맙지만, 당신은 이것을 하지 말았어야 했다.

정답 1. should   2. have written   3. have argued   4. should

UNIT 03 that절 속 should의 생략

1 주장, 명령, 요구, 충고, 제안, 소망, 추천 V와 should

1. 주장 V : insist, urge
2. 명령 V : order, command
3. 요구 V : demand, require, ask, request
4. 충고 V : advise
5. 제안 V : suggest, propose
6. 소망 V : wish
7. 추천 V : recommend

+ that +

① S+should+V원형 : '–해야 한다' 의미 (○)
　→ should 생략 가능
　→ S+V원형
② S+V – 시제일치 : '–해야 한다' 의미 (×)

\# Should 생략 시 주의해야 할 3가지 모양

1. S 3인칭 단수 V원형
2. S not V원형
3. S be

ex) She insisted that the president should resign. 그녀는 대통령이 사임해야 한다고 주장했다.
　　　　　　　　　　　　　　would resign.　　　　　　　　사임할 것이라고
　　　　　　　　　　　　　　had resigned.　　　　　　　　사임 했었다고

---

cf 1. 주장 / 명령 / 요구 / 충고 / 제안 / 소망 / 추천 V의 명사형

[recommendation, request, requirement, suggestion, order, desire …]

The <u>recommendation</u> that she be promoted to president met with a great deal of resistance from the board.

그녀를 사장으로 승진시키자는 권고가 이사회의 거센 반발에 부딪쳤다.

cf 2. 주장 / 명령 / 요구 / 충고 / 제안 / 소망 / 추천 V의 준동사형 (to 부정사, 동명사, 분사)

Malthus was the first thinker <u>to insist</u> that social policy be guided by ecological necessity.

Malthus는 사회 정책이 생태학적 필요에 의해 진행되어져야 한다는 것을 주장한 최초의 사상가였다.

Quiz 다음 문장에서 맞는것을 고르세요.

1. Studies suggest that uncontrollable noise [**should undermine / undermines**] people's performance.
   연구에 따르면 통제할 수 없는 소음은 사람들의 행동을 손상시킨다.

2. After I fell off the horse, my dad insisted that I [**begin / began**] riding again.
   내가 말에서 떨어지자 아빠는 내가 다시 말을 타라고 우겼다.

3. My parenting class teacher recommended that I [**give / gave / had given**] my child rewards to make her change her mind.
   양육 수업 선생님은 내가 나의 아이에게 아이의 마음을 바꾸게 하기 위해 보상해 줄 것을 권했다.

4. Many witnesses insisted that the accident [**take / took / had taken**] place on the crosswalk.
   많은 목격자들은 그 사고가 횡단보도에서 발생했다고 주장했다.

5. My son insisted that he [**fail / had failed**] the exam because of his mistake.
   나의 아들은 실수로 시험에 떨어졌다고 주장했다.

6. The lawyer insisted that my friend [**kill / had killed**] the surgeon.
   변호사는 내 친구가 외과의사를 죽였다고 주장했다.

7. He demanded that the money [**be / was**] promptly deposited into the account.
   그는 그 돈을 즉시 계좌에 입금해 줄 것을 요구했다.

정답 1. undermines   2. begin   3. give   4. had taken   5. had failed   6. had killed (문맥에 따라 kill도 가능)   7. be

2 ‘It be V+이성 / 감정 형용사’와 should

It be V+<u>이성/감정 형용사</u>+that+S (should) V원형 – .
    strange, natural, wonderful, doubtful, pitiful, necessary, important, surprising, right, good, wrong …

It is <u>important</u> that we (should) understand others.
우리가 다른 사람들을 이해해야 하는 것은 중요하다.
It is <u>important</u> that we understood others then.
우리가 그때 다른 사람들을 이해했던 것은 중요하다.

① It is <u>natural</u> that seeking profits (should) involve risks.
이익을 추구하는 것이 위험을 수반하는 것은 당연하다.

② It was <u>surprising</u> that she (should) perform so well at such an early age.
그녀가 그렇게 어린 나이에 그렇게 잘한다는 것은 놀라운 일이었다.

CHAPTER 05

UNIT 04   조동사 표현

1   주요 조동사 표현들

01 had better V원형 : −하는 것이 낫다(좋다)

02 may well V원형 : −하는 것이 당연하다

03 may as well V원형 : −하는 것이 낫다(좋다)
= had better V원형

04 may as well A as B : − B하는 것보다 A하는 것이 낫다(좋다)
= would rather A than B

05 cannot (help) but V원형 : −할 수밖에 없다 (−하지 않을 수 없다)
= cannot help Ving
= have no choice but to V

06 cannot − too : 아무리 −해도 지나치지 않다

07 used to V원형 : ① (과거의 규칙적인 습관) −하곤 했다
② (과거의 상태) −였었다
cf be used to Ving : −하는 데 익숙하다
= be accustomed to Ving
cf be used to V : −하기 위하여 사용되다

Quiz 다음 문장에서 맞는 것을 고르세요.

1. You had better [have / to have] your hair cut.
   머리를 깎는 것이 좋다.

2. He may well [be / to be] at the top of his class, for he always studies harder than any one else.
   그는 항상 다른 누구보다 더 열심히 공부하므로 반에서 수석을 차지하는 것이 당연하다.

3. You may as well [not violate / not to violate] your rules.
   규칙을 위반하지 않는 것이 좋습니다.

4. One may as well not know a thing at all [as / than] know it but imperfectly.
   어떤 것을 단지 불완전하게 아는 것보다 전혀 모르는 것이 낫다.

5. She is the boss, so I can't but [follow / to follow] her directions.
   그녀가 사장이어서 그녀의 지시를 따를 수밖에 없다.

6. He has no choice but [give / to give] her a second chance.
   그는 그녀에게 두 번째 기회를 줄 수밖에 없다.

7. I [cannot / may not] stress too much about the idea of learning.
   학습에 대한 생각은 아무리 강조해도 지나치지 않다.

8. She used to say that she would rather go to England [as / than] study English by herself in Korea.
   그녀는 한국에서 혼자 영어 공부를 하기보다는 영국에 가는 것이 낫다고 말하곤 했다.

9. She used to be a famous actress, and so she was used to [be / being] looked at by many people and to standing on the stage.
   그녀는 유명한 여배우였었다. 그래서 그녀는 사람들이 자신을 보는 것에 그리고 무대 위에 서는 게 익숙했었다.

10. This machine is used to [wax / waxing] the floor.
    이 기계는 바닥에 왁스를 바르는 데 사용된다.

정답 1. have   2. be   3. not violate   4. as   5. follow   6. to give   7. cannot   8. than   9. being   10. wax

UNIT 01 가정법 종류

📁 가정법 Mindmap

1	가정법 과거	If+S+V 과거형 − , S+w / s / c / m+V 원형 − . 　　(were)
2	가정법 과거완료	If+S+had p.p − , S+w / s / c / m+have p.p − .
3	혼합 가정법	If+S+had p.p − , S+w / s / c / m+V 원형 − .
4	가정법 미래	If+S+were to −+V 원형 , S+w / s / c / m+V 원형 − . 　　should
5	가정법 도치	If+S+V − ▷ V+S −
6	as if 가정법	as if (though)+S+ ┌ V 과거 / were 　　　　　　　　　　└ had p.p
7	I wish 가정법	I wish+S+ ┌ V 과거 / were 　　　　　　　└ had p.p
8	−이 없(었)더라면	If It were not for − If it had not been for −
9	It's time 가정법	It's high time −

01 가정법 과거

[모양] If+S+V 과거형 − , S+w / s / c / m+V 원형 − .
　　　　　(were)

* 가정법 과거에서는 If절 속에서 인칭과 관계없이 be V는 **were**를 쓴다.

[의미] 현재 사실의 반대

[해석] −라면/한다면 , −일 텐데/할 텐데. (기본적인 해석 방식일 뿐)

cf [조동사의 과거형]

　　w (would) / s (should)

　　c (could) / m (might)

① If I **had** enough money, I **could buy** the latest laptop.

= Because (As) I don't have enough money, I can't buy the latest laptop.

만약 내가 충분한 돈이 있다면, 나는 최신 노트북을 살 텐데.

② If I **were** rich, I **would help** the poor.

내가 부자라면, 나는 가난한 사람을 도울 텐데.

02 가정법 과거완료

[모양] If+S+**had p.p** − , S+w / s / c / m+have p.p .

[의미] 과거 사실의 반대

[해석] −였다면 / 했다면, − 였을 텐데 / 했을 텐데. (기본적인 해석 방식일 뿐)

① If he **had studied** hard, he **could have passed** the test.

= Because he didn't study hard, he could not pass the test.

그가 열심히 공부했었더라면, 시험에 합격했을 텐데.

② I **would have been** seriously injured if I **hadn't been wearing** a seat belt.

안전벨트를 착용하지 않았더라면 나는 심각하게 부상을 입었을 것이다.

03 혼합 가정법

[모양] If+S+**had p.p** − , S+w / s / c / m+**V 원형** − .
    └ 가정법 과거완료　　　└ 가정법 과거
      If절 모양　　　　　　　주절모양

[의미] **If절**: 과거사실 반대 / **주절**: 현재사실 반대

[해석] −였다면 / 했다면, − 일 텐데 / 할 텐데. (기본적인 해석 방식일 뿐)

① If I **had** not **missed** my flight then, I **would be** dead now.

= Because I missed my flight then, I'm not dead now.

그때 내가 그 비행편을 놓치지 않았더라면, 지금 죽은 상태일 것이다.

② If she **had taken** the doctor's advice, she **could be** healthy.

그녀가 그 의사의 충고를 받아들였다면, (지금) 건강할 텐데.

CHAPTER 06

04 가정법 미래

[모양] If+S+**were to** − , S+w / s / c / m+V원형.
　　　　should

[의미] 가능성이 희박하거나 불확실한 일을 가정할 때

cf w(would) / s(should) / c(could) / m(might)
　　　　　　　　or
will / shall / can / may
└'가정법 미래'에서는 가능

① If I **were to be** born again, I**'d like to be** an actress.
내가 다시 태어난다면, 여배우가 되고 싶다.

② If the world **should stop** revolving, I **would(will) spend** the end with you.
세상이(지구가) 공전을 멈춘다면, 나는 너와 마지막을 보낼 것이다.

05 가정법 도치

[기본] If+S+V − → V+S −

[구체화] ① If+S+**were** − ▷ Were+S −
　　　　② If+S+**had p.p** − ▷ Had+S+p.p −
　　　　③ If+S+**should**+V원형 − ▷ Should+S+V 원형 −

① **Were** I President, I **would try** to make my country more prosperous.
＝If I were President, I would try to make my country more prosperous.
내가 대통령이라면, 나의 나라를 더 번영하게 만들 텐데.

② **Had** it **rained** yesterday, we **might have canceled** the promise.
＝If it had rained yesterday, we might have canceled the promise.
어제 비가 왔더라면, 우리가 그 약속을 취소했을 텐데.

③ **Should** I **win** the lottery, I **would travel** around the world.
＝If I should win the lottery, I would travel around the world.
내가 만약 복권에 당첨된다면, 전 세계를 여행할 텐데.

06 **as if 가정법**

[모양] as if (though)＋S＋V 과거형 −
　　　　　　　　　　　(were)
[해석] 마치 −인(한) 것처럼 → 본 V와 같은 시제

[모양] as if (though)＋S＋had p.p −
[해석] 마치 −였(했)던 것처럼 → 본 V보다 오래된 시제

cf as if (though) : [해석] 마치 −처럼

① He acts **as if (though)** he **were** the boss.
그는 사장인 것처럼 행동한다.

He acts → 현재
he ＝ boss → 현재

② He acted **as if (though)** he **were** the boss.
그는 사장인 것처럼 행동했었다.

He acted → 과거
he ＝ boss → 과거

③ She talks **as if (though)** she **had possessed** everything.
그녀는 모든 것을 소유했던 것처럼 말한다.

She talks → 현재
she had possessed everything (그녀가 모든 것을 소유) → 과거

④ She talked **as if (though)** she **had possessed** everything.
그녀는 모든 것을 소유했던 것처럼 말했었다.

She talked → 과거
she had possessed everything (그녀가 모든 것을 소유) → 대과거

07 | I wish 가정법

[모양] I wish+S+V 과거형 −
　　　　　　　　(were)
[해석] −라면(한다면) 좋을 텐데 → 본 V와 같은 시제

[모양] I wish+S+had p.p −
[해석] −였다면(했다면) 좋을 텐데 → 본 V보다 오래된 시제

cf I wish : [해석] 좋을 텐데

① I **wish** she **had** a sister.
그녀가 여동생이 있다면 좋을 텐데.

I wish (좋을 텐데) → 현재
she had a sister (그녀가 여동생이 있다) → 현재

② I **wished** she **had** a sister.
그녀가 여동생이 있다면 좋았을 텐데.

I wished (좋았을 텐데) → 과거
she had a sister (그녀가 여동생이 있다) → 과거

③ I **wish** you **had left** that unsaid.
네가 그 말을 하지 않았더라면 좋을 텐데.

I wish (좋을 텐데) → 현재
you had left that unsaid (네가 그 말을 하지 않은 채로 남겨두었다) → 과거

④ I **wished** you **had left** that unsaid.
네가 그 말을 하지 않았더라면 좋았을 텐데.

I wished (좋았을 텐데) → 과거
you had left that unsaid (네가 그 말을 하지 않은 채로 남겨두었다) → 대과거

08 −이 없(었)더라면

−이 없다면
If it were not for −
＝ Were it not for −
＝ But for −
＝ Without −

−이 없었더라면
If it had not been for −
＝ Had it not been for −
＝ But for −
＝ Without −

But for − / Without −
▷ − 이 없다면? vs − 이 없었더라면?
▷ 주절의 모양을 보고 결정!

① **If it were not for** my parents, I would leave school.
부모님이 없다면 학교를 떠날 텐데.

② **If it had not been for** your help, I should have failed.
너의 도움이 없었더라면, 나는 실패했을 것이다.

③ **Were it not for** the special defenses, many animals could not survive.
특별한 방어책이 없다면, 많은 동물들이 생존하지 못할 것이다.

④ **Without** appropriate software, a computer would be a mere box.
적절한 소프트웨어가 없다면, 컴퓨터는 단지 상자일 텐데.

⑤ I couldn't have made my vision reality **without** you.
당신이 없었더라면 나의 비전을 현실화시키지 못했을 거야.

09 It's time 가정법

[모양] It is (**high / about**) time+   (that) ┬ [1] S+should+V 원형
     └ ① 생략   └ [2] S+V 과거형
       ② high
                   └ [3] to V
       ③ about

[해석] – 해야 할 때(시간)이다

① **It's high time** you **should do** something instead of just talking.
당신은 단순한 말보다는 무언가를 행동에 옮길 때이다.

② **It is about time** that we **turned** to the sea to explore its infinite possibilities.
우리는 무한한 가능성을 탐구하기 위하여 바다에 의존할 때이다.

③ **It's time** the kids **should be** in bed.
아이들이 잠자리에 들 시간이다.

④ **It's time to study** hard.
열심히 공부해야 할 때이다.

Quiz 다음 문장에서 맞는 것을 고르세요.

1. Had I had the book, I could [lend / have lent] it to you.
내가 그 책을 가지고 있었더라면, 나는 그것을 너에게 빌려줬을 텐데.

2. If she had taken the medicine last night, she would [be / have been] better today.
그녀가 어젯밤에 그 약을 복용했었더라면, 그녀는 오늘 상태가 더 좋을 텐데.

3. If it [were not / had not been] for Newton, the law of gravitation would not have been discovered.
뉴턴이 없었다면 중력법칙은 발견되지 않았을 것이다.

4. I wish I [am / were / had been] as intelligent as he is.
나도 그만큼 똑똑하면 좋을 텐데.

5. I wish I [studied / had studied] biology when I was a college student.
대학교 다닐 때 생물학 공부를 했었더라면 좋을 텐데.

6. He speaks English fluently as if he [is / was / were / had been] an American.
그는 마치 자신이 미국 사람인 것처럼 유창하게 영어로 말한다.

7. He drives his car as though he [didn't have / hadn't had] a serious car accident 2 years ago.
그는 마치 그가 2년 전에 심각한 교통사고를 당하지 않았던 것처럼 차를 운전한다.

정답 1. have lent   2. be   3. had not been   4. were   5. had studied   6. were   7. hadn't had

UNIT 01　**to 부정사 기본**

1　준동사 Basics

01 **준동사(Verbid)의 종류**
① To V (to 부정사)
② ving (동명사)
③ ~ing −현재분사 / p.p −과거분사 (분사)

02 **준동사(Verbid)의 공통점**
준동사 (to 부정사, 동명사, 분사)는 모두 동사에서 나온 형태로 다음과 같은 동사의 4가지 성질을 공통점으로 갖는다.
① 의미상 주어 (의미상 목적어 / 의미상 전치사구)
② 시제표현 (완료)
③ 수동표현
④ 부정표현

03 **준동사 (Verbid)의 차이점**
준동사 (to 부정사, 동명사, 분사)는 모두 동사에서 나온 형태지만, 문장 내에서의 각각의 역할이 다르다.
① **To V의 역할**: 명사 역할, 형용사 역할, 부사 역할
② **Ving의 역할**: 명사 역할
③ **~ing / p.p의 역할**: 형용사 역할, 부사 역할

2 to 부정사 개념

부정사 (不定詞) (Infinitive)

→ 不: 아니다　　定: 정하다　　詞: 말씀, 말

→ Infinitive - finite : 한정된, 유한한 / infinite : 한계가 없는, 무한한

→ (역할을) 정할 수 없는 말

→ 여러 가지 역할을 하는 말

⇨ 명사적 역할 : 주어, 목적어, 보어 자리

　형용사적 역할 : N수식＋C자리　　cf　be to 용법

　부사적 역할 : 목적, 결과, 원인, 판단의 근거, 형용사와 부사 수식, 조건

UNIT 02 | to 부정사 역할

1 명사의 역할

[자리] S(주어 자리), O(목적어 자리), C(보어 자리)
[해석] ~것

① **To love** someone is the greatest assets in the world.
누군가를 사랑하는 것은 세상에서 가장 큰 재산이다.

② I want **to be** a baseball player.
나는 야구 선수가 되고 싶다.

③ The primary purpose of these books is **to teach** English.
이 책들의 주된 목적은 영어를 가르치는 것이다.

2 형용사의 역할

01 N 수식 [제한적 용법]

[형태] N to V

[해석] ~하는 / 할 N

to 부정사가 N(명사) 뒤에 위치하여 이 명사를 수식하는 형태로, 'to 부정사 하는 명사, to 부정사 할 명사'로 해석이 된다.

① He wants something **to eat**.
그는 먹을 무언가를 원한다.

② I have many pictures **to show** you.
나는 너에게 보여 줄 많은 사진이 있다.

+@   N to V−자동사＋전치사 (○)

① She has a house to **live in**. (○)
She has a house to live. (×)
그녀는 살 집이 있다.

② He found a chair to **sit on**. (○)
He found a chair to sit. (×)
그는 앉을 의자를 발견했다.

* 앞 N를 to V 뒤로 빼서 생각

①번 문장에서, 수식을 받는 명사 a house를 live 뒤로 위치시켜 보면, live a house보다는 live in a house가
더 문법적으로 맞는 형태가 된다. 따라서 to live 뒤에 전치사 in이 있는 형태가 올바른 형태이다.

+@   N <u>to V</u>+O (×)

① I have many projects **to do**. (○)

   I have many project to do them. (×)

   나는 할 프로젝트가 많다.

② This bag is too heavy **to lift**. (○)

   This bag is too heavy to lift it. (×)

   이 가방은 들기에 너무 무겁다.

* 앞 N를 to V뒤로 빼서 생각

②번 문장에서, to lift의 대상이 문장 내에 있는 This bag이므로, to lift 뒤에 목적어의 형태인 it을 쓰면 목적어가 중복되어 문법적으로 틀린 문장이 된다.

---

02 C자리 (서술적 용법)

1. to 부정사가 be 동사를 제외한 2형식 동사 뒤에 위치하여 S.C(주격 보어) 자리에 오는 경우
2. O.C(목적격 보어) 자리에 to 부정사를 취하는 동사 때문에 목적격 보어 자리에 to 부정사가 오는 경우
이 두 가지 경우에 쓰인 to 부정사도 형용사의 역할을 하는 경우이다.

① She seemed **to be** tired.

   그녀는 피곤한 것 같았다.

② The chance proved **to be** a turning point.

   그 기회가 전환점이 되었다.

③ The accident caused his company **to go** into bankruptcy.

   그 사고로 그의 회사는 파산했다.

03 be to V 용법

be 동사 뒤에 바로 to 부정사가 위치하여, 다음의 다섯 가지 방식 중 하나로 해석되는 경우, 이를 to 부정사의 be to 용법이라고 부릅니다.

① **예정**: ~할 예정이다(be going to V) ⇒ be to V

   The train **is to leave** at 7:00.

   기차는 7시에 떠날 예정이다.

CHAPTER **07**

② **의무 :** ~해야 한다(ought to V) ⇒ be to V

You **are to finish** the work.

너는 그 일을 끝내야 한다.

③ **의도 :** ~할 의도이다(intend to V) ⇒ be to V

If you **are to score** high, you'd better study hard.

높은 점수를 받으려면 열심히 공부하는 것이 좋다.

④ **가능 :** ~할 수 있다(be able to V) ⇒ be to V

Not a star is **to be seen** tonight.

오늘밤에는 별을 하나도 볼 수 없다.

⑤ **운명 :** ~할 운명이다(be destined / doomed to V) ⇒ be to V

He **was** never **to see** their homeland again.

그는 다시는 그의 고향을 보지 못할 운명이었다.

+@　　**be to V − 예정 / 의무 / 의도 / 가능 / 운명 ⇨ 함수관계 ×**

be to V가 등장했을 때, 반드시 위 다섯 가지 해석 방식 중 하나로만 해석이 되는 것은 아닙니다.

Imagine that it's Saturday and you **are to meet** your friends at the mall at 12:00.

토요일이어서 너가 너의 친구들을 12시에 쇼핑몰에서 [만날 예정이라고] 상상해보자.
　　　　　　　　　　　　　　　　　　　　　　　　[만나야 한다고]
　　　　　　　　　　　　　　　　　　　　　　　　[만날 의도가 있다고]
　　　　　　　　　　　　　　　　　　　　　　　　[만날 수 있다고]
　　　　　　　　　　　　　　　　　　　　　　　　[만날 운명이라고]

+@　　**S be to V의 2가지 !**

S+be+to V　　＞　　S+be+to V
　V　　S.C　　　　　　 V (be to 용법)

be to V가 등장했을 때, 반드시 be to 용법으로 해석하는 것이 아니다. be to V가 be to 용법보다 'S (주어)＋be V(동사)＋to V(주격 보어) − S는 to V하는 것이다'의 형태로 해석이 되는 경우가 더 많다.

His job is **to teach** English.
　S　　 V　　 S.C
그의 직업은 영어를 가르치는 것이다.

3 부사의 역할

01 부사적 − 목적

[자리] To V ~ , S V − .
　　　 S V − to V ~ .
보통 '~하기 위하여'로 해석이 되는 to 부정사는 문장 맨 앞이나, 문장 뒤에 위치하는 경우가 많다.

[해석] ~하기 위하여

[동의어] in order to V, so as to V

① **To travel** to Japan, I learned Japanese.
일본을 여행하기 위해, 나는 일본어를 배웠다.

② She went to Paris **in order to study** art.
그녀는 미술을 공부하기 위해 파리에 갔다.

02 부사적 − 결과

to 부정사가 문장의 동사 뒤에 등장해서 앞의 나온 주어가 한 행동이나 상태의 결과를 나타낸다.

[해석] 그래서 (그 결과) ~하다

① He grew up **to be** a pianist.
그는 자라서 피아니스트가 되었다.

② He worked hard **only to fail** the project.　　　[only to V → 그러나 to V하다.]
그는 열심히 했지만 그 프로젝트를 실패했다.

03 부사적 − 원인

[해석] ~해서 … (감정의 형용사)

① I am happy **to be** with you.
나는 너랑 함께해서 행복하다.

04 부사적 - 판단의 근거

[해석] ~하다니 (~하는 것을 보니) … (판단의 형용사)

① He is unfortunate **to suffer** severe injuries at this time of year.
이 시기에 심각한 부상을 입다니 그는 불행하다.

05 부사적 - 형용사/부사 수식

[모양] 형용사 / 부사 to V (to V가 형용사/부사를 수식하는 경우)

① The mountain is hard **to climb**.
그 산은 오르기 어렵다.

② She is old enough **to drive** a car.
그녀는 차를 운전할 만큼 충분히 나이가 들었다.

06 부사적 - 조건

문장 앞에 to V가 오는 경우, if절처럼 해석되는 경우가 있다.

[해석] ~한다면

① **To see** the scene, you would never forget it.
그 장면을 본다면, 여러분은 절대 그것을 잊지 못할 거예요.

UNIT 03 · to부정사 Points

1 부정사 의미상 S / O

> cf 의미상 S → 준V의 행동이나 상태의 주체가 되는 말 ⇨ 준V의 주어 (문장의 주어와 구별)

01 To V−의미상 주어

[형태] (일반적) to V 앞 **for O** [for O to V]
(人−성격 '형용사' 나오는 경우) to V 앞 **of O** [of O to V]
　　↳ kind (친절한), wise (현명한), generous (관대한), clever (영리한), careful (주의 깊은),
　　　 foolish (멍청한), cruel (잔인한), careless (부주의한), rude (무례한) …

① It is easy <u>for him</u> to study <u>mathematics</u> of a junior high school course.
　　　　　　↳ to study의 의S　　　↳ 의O
그가 중학교 과정의 수학을 공부하는 것은 쉽다.

② It is kind <u>of you</u> to carry my bag.
　　　　　　↳ to carry의 의S
(당신이) 제 가방을 들어 주시니 친절하군요.

+@　To 부정사의 '의미상 주어'를 안 쓰는 경우

① It is easy to study mathematics. ← 의미상 주어 : 일반적인 '우리' 'people'
중학교 과정의 수학을 공부하는 것은 쉽다.

② He wants to be a violinist. ← 의미상 주어 = 문장의 주어
그는 바이올리니스트가 되고 싶어 한다.

③ My friend asked me to pass the ball. ← 의미상 주어 = 문장의 목적어
내 친구는 나에게 공을 패스하라고 요청했다.

---

02 It … for / of ● to V

① **It** is very difficult **for** people **to understand** each other if they do not share the same experience.
사람들이 같은 경험을 공유하지 않는다면 서로를 이해하는 것은 매우 어렵다.

2 to V의 시제

01 to have p.p의 시제

to have p.p의 시제 ⇨ 문장의 V의 시제보다 더 이전
 (완료 부정사)
to have p.p는 문장의 동사보다 더 이전에 있었던 시점을 표현한다.

cf to V의 시제 = 문장의 V의 시제
   (단순 부정사)
   to V는 문장의 동사와 같은 시점을 표현한다.

① He seems **to help** the old man.
   그는 그 노인을 돕는 것처럼 보인다.

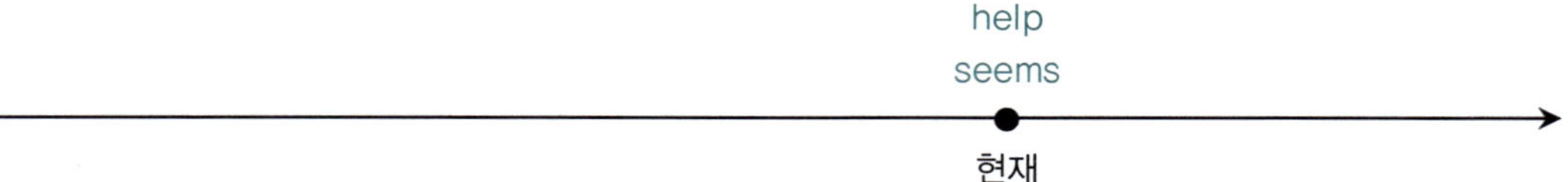

② He seems **to have helped** the old man.
   그는 그 노인을 도왔던 것처럼 보인다.

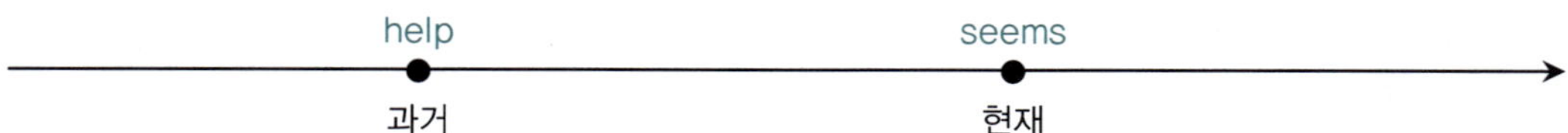

③ She seemed **to have been** tired.
   그녀는 피곤했었던 것처럼 보였었다.

02 기대/소망 V — to V

hope (희망하다), expect (기대하다), promise (약속하다), intend (의도하다), want (원하다)
문장의 동사가 hope, expect, promise, intend, want이고, 뒤에 to V가 나오는 경우 to V의 시점은 미래를 나타낸다.

① He hopes **to pass** the exam.
＝ He hopes that he **will pass** the exam.
그는 시험에 합격하고 싶어 한다.

3 to V — 수동

01 to be p.p (수동 부정사)

[해석] ～되어지다 / 당하다 / 받다
to be p.p는 수동의 의미로 해석이 된다.

cf to V (능동 부정사)
to V는 능동의 의미로 해석이 됩니다.

① He wants **to be selected** as best CEO.
그는 최고 경영자로 뽑히기를 원한다.

② She seems **to be interested** in Korean foods.
그녀는 한국음식에 관심이 있는 것 같다.

cf She seems **to have been interested** in Korean foods.
그녀는 한국 음식에 관심이 있었던 것 같다.

to have been p.p — 완료의 의미(문장의 동사보다 더 이전 시점)와 수동의 의미를 둘 다 표현할 때 쓰인다.

02 be to blame for

[해석] ～에 대하여 비난받아 마땅하다
능동형이지만 수동으로 해석한다.

① She **is to blame for** breaking the window.
그녀는 그 창문을 깬 것에 대하여 비난받아 마땅하다.

4 부정사(to V)의 부정

바로 앞 to V
└ not, never

to 부정사의 부정의 의미를 나타낼 때는, to 부정사 바로 앞에 not이나 never를 붙인다.

① I told her **not to ask** the question.
나는 그녀에게 그 질문을 하지 말라고 말했었다.

> **cf** I did not tell her to ask the question.
> 나는 그녀에게 그 질문을 하라고 말하지 않았었다.

② He studied hard **not in order to pass** the exam. (✕)
He studied hard **in order not to pass** the exam. (○)
그는 시험에 떨어지지 않기 위해 열심히 공부했다.

5 부정사의 관용 표현

관용 표현은 idiom(숙어)처럼 암기하는 것이 편하다. 그런데 to 부정사의 관용 표현은 그 표현에 쓰인 단어의 조합으로 그 의미가 대충 잡힌다.

01 **not to mention** ~ : ~은 말할 것도 없이
① He is so poor that he cannot buy even daily necessities, **not to mention** luxuries.
그는 너무 가난해서 사치품은 말할 것도 없고 생필품도 살 수 없다.

02 **to be frank**[honest] : 솔직히[정직하게] 말하면
① **To be frank** with you, your account of the matter is not accurate.
솔직히 말하면, 그 문제에 대한 당신의 설명은 정확하지 않습니다.

03 **to tell the truth** : 진실을 말하자면
① **To tell the truth**, it does not pay to tell the truth.
진실을 말하자면, 진실을 말하는 것은 가치가 없다.

04 **to make matters worse**(＝ what is worse) : 설상가상으로

① Last night it rained very hard. Then, **to make matter worse**, the temperature dropped below freezing.

어젯밤은 비가 아주 많이 내렸다. 그러고 나서, 설상가상으로 온도가 영하로 떨어졌다.

05 **so to speak** : 말하자면

① Women spend a lot of time shopping because they are, **so to speak**, "shopaholics," who impulsively buy things they do not really need.

몇몇 사람들은 쇼핑하는 데 많은 시간을 소비하는데, 말하자면, 그들은 그들이 실제로 필요로 하지 않는 것들을 충동 적으로 구매하는 "쇼핑 중독자"이기 때문입니다.

06 **needless to say** : 말할 필요도 없이

① **Needless to say**, health is above wealth.

말할 필요도 없이, 건강은 재산 위에 있다.

07 **to begin with** : 우선

① **To begin with**, I don't like its color.

우선, 나는 그것의 색깔을 좋아하지 않는다.

08 **to make a long story short** : 요약하자면

① **To make a long story short**, Things went from bad to worse.

요약하자면, 상황은 악화되었다.

09 **to do A justice** : A에 대하여 공정하게 말하면

① **To do him justice**, he is a good-natured man.

그에 대하여 공정하게 말하면 그는 성품이 좋은 사람이다.

6 의문사＋to V

[해석] '의문사'– 뜻 ＋ to V 의 'V' – 뜻
  ex) what to do : 무엇을 해야 할지
    where to go : 어디를 가야 할지
    when to eat : 언제 먹어야 할지
    whether to run : 달려야 할지 말지
      …
[역할] N의 역할 (S, O, C자리)

① **What to eat** is an important question.
무엇을 먹을지는 중요한 문제이다.

② The problem was **where to set up** the machine.
문제는 기계를 어디에 설치해야 하느냐는 것이었다.

③ I don't know **how to persuade** her.
나는 그녀를 어떻게 설득해야 할지 모르겠다.

7 … **enough to V / too … to V**

01 형용사/부사 enough to V

[해석] to V할 정도로 충분히 '형용사/부사'하다

① I was **stupid enough to believe** her.
나는 그녀를 믿을 정도로 어리석었다.

02 too 형용사/부사 to V

[해석] ┌ to V하기에 너무 '형용사/부사'하다
    (←) 해석의 방향이 뒤에서 앞으로 진행하는 경우
    └ 너무 '형용사/부사'해서 to V할 수 없다
    (→) 해석의 방향이 앞에서 뒤로 진행하는 경우

① He is **too lazy to get up** early.
그는 일찍 일어나기에 너무 게으르다.
그는 너무 게을러서 일찍 일어날 수 없다.

Quiz 다음 문장에서 틀린 곳을 찾아 고치세요.

1. He is said to be dismissed two months ago.
그는 두 달 전에 해고당했다고 한다.

2. Jane wrote down my address not in order to forget it.
Jane은 잊어버리지 않도록 나의 주소를 적어 놓았다.

3. It is foolish for him to lie in front of the public.
그는 사람들 앞에서 거짓말을 할 정도로 어리석다.

4. I was very pleased to invite to the great party.
멋진 파티에 초대받는 것은 매우 기쁜 일이었다.

정답 1. to be dismissed → to have been dismissed   2. not in order to forget → in order not to forget
3. for → of   4. to invite → to be invited

UNIT 01 동명사 기본

01 동명사 개념＋동명사 해석

동명사(動名詞)(gerund)
→ 동사[성질] ＋ 명사[역할]
→ N 역할 ⇒ S / O / C자리

[해석] ～하는 것

cf 동사의 성질
① **의미상 S / O / 전치사구**
② **시제**: 완료 동명사
③ **수동**: 수동 동명사
④ **부정**: 동명사의 부정

02 동명사의 역할

‒ 명사의 역할
[자리] S(주어 자리), O(목적어 자리), C(보어 자리)

① <u>Ving ‒</u>   ＋   V
   S

② S   ＋   V3   ＋   <u>Ving ‒</u>
                O

③ S   ＋   be V   ＋   <u>Ving ‒</u>
                 S.C

cf 전치사 ＋ Ving   [전치사＋to V]
                         V원형

① **Reading** a novel is my favorite leisure activity.
소설을 읽는 것은 내가 가장 좋아하는 여가 활동이다.

② They don't like **using** chemicals to control weeds.
그들은 잡초를 제거하기 위해 화학물질을 사용하는 것을 좋아하지 않는다.

③ Wisdom is **knowing** what to do next.
지혜는 다음에 무엇을 해야 할지 아는 것이다.

---

cf S be V ― ing의 두 가지

① S+<u>be V ―ing</u> (진행형)
       V

② S+<u>be V+―ing</u> (2형식)
       V   S.C

I **am collecting** stamps. 나는 우표를 모으고 있는 중이다.

My hobby **is collecting** stamps. 나의 취미는 우표를 모으는 것이다.

---

④ Cynicism is an unpleasant way of **saying** the truth. [Lillian Hellman]
냉소주의는 진실을 말하는 불쾌한 방법이다.

UNIT 02 동명사 Points

1 동명사의 의미상의 S / O / 전치사구

Ving(동명사) − 의미상 S ⇨ Ving 앞 소유격 (목적격)

① The doctors did not hold much hope of **her** recovering **from the illness**.
                ↳ 의S   ↳ 의−전치사구

의사들은 그녀가 병에서 회복될 것이라는 큰 기대를 가지고 있지 않았다.

② My father is proud of **my (me)** being a soccer player.
아버지는 내가 축구 선수라는 것을 자랑스러워하신다.

+@ Ving − 의미상 S를 안 쓰는 경우

① Killing people in any way is absolutely bad.   ← 의미상 주어 : 일반적인 '우리' 'people'
어떤 식으로든 사람들을 죽이는 것은 정말로 나쁘다.

② My father is proud of being a soccer player.   ← 의미상 주어 : 문장의 주어
아버지는 축구선수인 것을 자랑스러워하신다.

③ Thank you for coming to our housewarming party.   ← 의미상 주어 : 문장의 목적어
저희 집들이에 와 주셔서 감사합니다.

---

2 Ving의 시제

having p.p의 시제 ⇨ 문장의 V의 시제보다 더 이전
(완료 동명사)
having p.p는 문장의 동사보다 더 이전에 있었던 시점을 표현한다.

cf **Ving의 시제 = 문장의 V의 시제**
(단순 동명사)
Ving는 문장의 동사와 같은 시점을 표현한다.

① I'm proud of your **being** my student.
네가 내 학생이라는 것이 자랑스럽다.

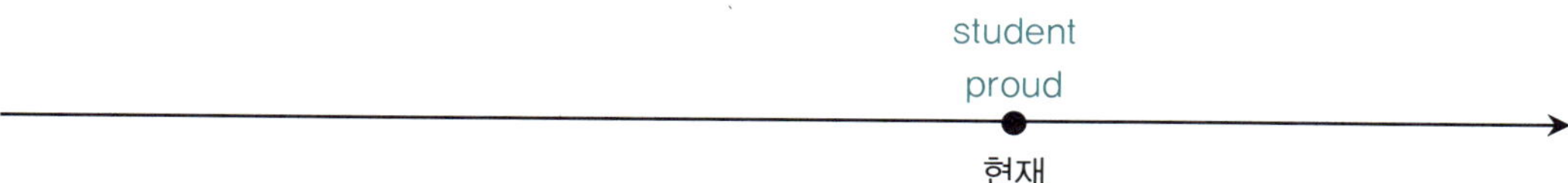

② I'm proud of your **having been** my student.
네가 나의 학생이었다는 것이 자랑스럽다.

③ He admitted **having made** a serious mistake.
그는 자신이 엄청난 실수를 했다는 것을 인정했다.

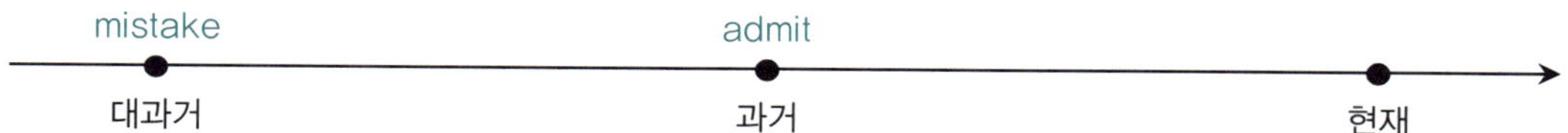

3 | Ving – 수동

being p.p (수동 동명사) ⇨ [해석] ~되어지다 / 당하다 / 받다 + ~것
being p.p는 수동의 의미로 해석이 된다.

cf Ving (능동 동명사)
Ving는 능동의 의미로 해석이 된다.

① She tried to enter the room without **being noticed** by anyone.
그녀는 누구에게도 목격되지 않고 그 방에 들어가려고 노력했다.

② I remember **being taken** to the hospital by someone.
나는 내가 누군가에 의해서 병원으로 실려 갔던 것이 기억난다.

cf He reminded us of **having been rejected** at the bar.
그는 우리에게 바에서 거절당했던 것을 상기시켰다.

* having been p.p – 완료의 의미(문장의 동사보다 더 이전 시점)와 수동의 의미를 둘 다 표현할 때 쓰입니다.

4 동명사의 부정

바로 앞 Ving
  ↳ not, never

Ving(동명사)의 부정의 의미를 나타낼 때는, Ving(동명사) 바로 앞에 not이나 never를 붙인다.

① I'm sorry for **not** keeping my promise.
약속을 지키지 못해 죄송합니다.

> **cf** I'm **not** sorry for keeping my promise.
> 약속을 지켜서 죄송하지 않습니다.

② **Not** predicting the future is dangerous in this situation.
이 상황에서 미래를 예측하지 못하는 것은 위험하다.

5 동명사의 관용 표현

01 spend[waste]＋시간/노력/비용＋(in) Ving : ~하는 데 '시간/노력/비용'을 쓰다[낭비하다]
① Whenever I have time, I enjoy **spending** a couple of hours **surfing** the Internet.
나는 시간이 날 때마다 인터넷 서핑을 하는 데 시간을 소비하는 것을 즐긴다.

02 have difficulty[trouble / a hard time]＋(in) Ving : ~하는 데 어려움을 겪다
① This time, the police **had** no **difficulty finding** the suspect.
이번에 경찰은 그 용의자를 찾는 데 아무런 어려움이 없었다.

03 There is no Ving ＝ It is impossible to V : ~하는 것은 불가능하다
① **There is no going** back to your previous life.
예전 삶으로 돌아가는 것은 불가능하다

04 it is no use[good] Ving : ~해봤자 소용없다
① **It is no good talking** about the greatness of a country, unless we who live in that country do something to make it great.
그 나라에 살고 있는 우리가 그것을 위대하게 만들기 위해 무언가를 하지 않는 한, 한 나라의 위대함에 대해 말해봤자 소용없다.

05 cannot help Ving ＝ cannot but V원형 ＝ have no choice but to V : ～ 할 수 밖에 없다

① Even though I knew the demand was way too unreal, I **could not help accepting** it.
비록 나는 그 요구가 너무 비현실적이라는 것을 알았지만, 나는 그것을 받아들일 수 밖에 없었다.

06 It goes without saying that ～ ＝ It is needless to say that ～ : ～은 말할 것도 없이 중요하다

① **It goes without saying that** the most necessary thing in business is capital.
사업에 가장 필요한 것이 자본인 것은 말할 것도 없이 중요하다.

07 feel like Ving : ～하고 싶다

① I **feel like having** a supersized hamburger and some French fries.
나는 초대형의 햄버거와 약간의 감자튀김을 먹고 싶다.

08 be far from Ving : 결코 ～ 이 아니다 (＝ never 동사원형)

① She **is far from being** cooperative whatsoever.
그녀는 결코 협조적이지 않다.

09 be worth Ving ＝ be worthy of Ving : ～할 만한 가치가 있다

① Life wouldn't **be worth living** if I worried over the future as well as the present. [W.Somerset Maugham]
현재뿐 아니라 미래까지 걱정한다면 인생은 살 가치가 없을 것이다.

10 make a point of Ving ＝ make it a rule to V : ～하는 것을 규칙으로 삼다[～하는 것을 규칙적으로 하다]

① He **makes a point of going** to the beach in summer.
그는 여름에 해안가를 규칙적으로 간다.

11 be on the point[brink/edge/verge] of Ving ＝ be about to V : 막 ～하려고 하다

① The car **is on the point of leaving** the town.
차가 막 마을을 떠나려고 한다.

CHAPTER 08

12 be busy (in) Ving : ～하느라 바쁘다

① We **are busy (in) preparing** for the examination.
우리는 시험 준비하느라 바쁘다.

13-1 S keep (on) Ving : S는 계속해서 ～하다

① He **kept (on) climbing** the mountain.
그는 계속해서 등산을 했다.

13-2 S keep A Ving : S는 A가 계속해서 ～하게 하다

① He **kept me climbing** the mountain.
그는 내가 계속해서 등산을 하게 했다.

13-3 S keep A from Ving : S는 A가 ～하는 것을 막다[방해하다]

① He **kept me from climbing** the mountain.
그는 내가 산에 오르는 것을 막았다.

14 on Ving : ～하자마자

① **On reaching** there, he gave her a call.
그곳에 도착하자마자 그는 그녀에게 전화를 했다.

15 in Ving : ～할 때, ～하는 데 있어서

① **In studying** something, your will is the most important element.
무언가를 공부할 때, 너의 의지가 가장 중요한 요소이다.

16 by Ving : ～함으로써

① **By doing** unexpected utterance, she often surprises me.
그녀는 뜻하지 않은 말을 함으로써 종종 나를 놀라게 한다.

17 of one's own Ving : 자신이 직접 ～한

① It is a picture **of my own drawing**.
그것은 내가 직접 그린 그림이다.

Quiz 다음 문장에서 틀린 곳을 찾아 올바르게 고치시오.

1. This book is worth of reading carefully.

그 책은 주의를 기울여서 읽어볼 가치가 있다.

2. He objects to be treated like a child.

그는 어린아이처럼 취급당하는 것에 반대한다.

3. I don't remember to mail the letter last Saturday.

나는 지난주 토요일에 편지를 보냈던 것을 기억하지 못한다.

4. Who suggested to go on a camping holiday in October?

누가 10월에 캠핑 휴가를 떠나자고 제안을 했어?

5. I couldn't help to laugh at the funny story.

나는 그 재미있는 이야기에 웃을 수밖에 없었다.

6. This leaflet tells you how to avoid to get ill while traveling.

이 전단은 너에게 여행하는 동안 몸에 탈이 나는 것을 피하는 방법을 알려 주고 있다.

7. It is no use to try to deceive me.

나를 속이려고 아무리 노력해도 소용없다.

8. We must stop people committing suicide.

우리는 사람들이 자살하는 것을 막아야 한다.

9. He is shy of being selfish when young.

그는 젊었을 때, 이기적이었던 것을 부끄러워한다.

정답
1. worth → worthy
2. to be treated → to being treated
3. to mail → mailing
4. to go → going
5. to laugh → laughing
6. to get → getting
7. to try → trying
8. committing → from committing
9. being selfish → having been selfish

UNIT 01 분사 기본

1 명사(N) 수식

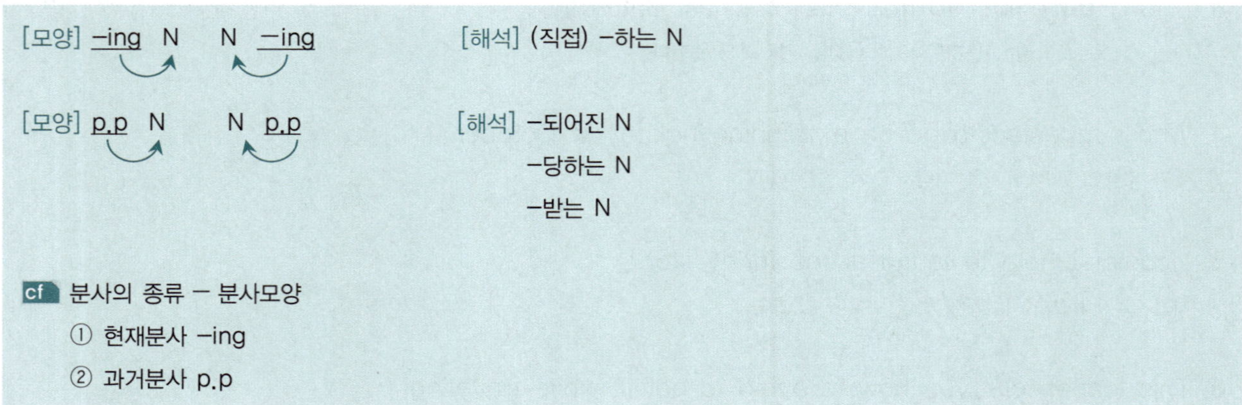

[모양] −ing N   N −ing   [해석] (직접) −하는 N

[모양] p.p N   N p.p   [해석] −되어진 N
                                     −당하는 N
                                     −받는 N

cf 분사의 종류 − 분사모양
① 현재분사 −ing
② 과거분사 p.p

① A **barking** dog seldom bites.
짖는 개는 물지 않는다.

② **Used** paper can be recycled.
사용한 종이는 재활용될 수 있다.

③ Things **acquired** with little effort are easily lost.
노력하지 않고 습득한 것들은 쉽게 상실된다.

④ That monkey **ruling** the others is king.
다른 원숭이들을 지배하는 저 원숭이가 왕이다.

+@	**능동 vs 수동 문제 해결 3steps**

1st step	능동 vs 수동 해석에 걸리는 대상을 찾는다.
2nd step	해석 적용
3rd step	구조 : 목적어 유무 check ┌ V3 능동＋목적어 有
	└ V3 수동＋~~목적어~~ 無

3rd Step V4, V5의 '능동 vs 수동' 목적어 유무 적용(×)

Quiz 다음 문장에서 맞는 것을 고르세요.

1. The case of company fraud [**revealing / revealed**] in today's paper may be just the tip of the iceberg.
   오늘 신문에서 드러난 회사 사기의 경우는 그저 빙산의 일각일지도 모른다.

2. The milk [**delivering / delivered**] in this morning went bad.
   오늘 아침에 배달된 우유가 상했다.

3. Put the eggs in the [**boiled / boiling**] water.
   달걀을 끓는 물에 넣어라.

4. The man [**offering / offered**] services by this store is my father.
   이 상점에서 서비스를 제공받는 사람이 제 아버지입니다.

5. The substance [**calling / called**] active oxygen is main cause of aging.
   활성산소라고 불리는 물질이 노화의 주요 원인이다.

정답 1. revealed   2. delivered   3. boiling(문맥에 따라 boiled도 정답 가능)   4. offered   5. called

---

+@	**자동사 −ing / p.p**

① falling leaves (○) '떨어지고 있는 중인 나뭇잎들'　▷　[−ing 진행]
② fallen leaves (○) '(이미) 떨어진 나뭇잎들'　▷　[p.p 완료]

> **Quiz** 다음 문장에서 맞는 것을 고르세요.
>
> 1. That is the building [risen / raised] by Korean.
>   그것은 한국인에 의해 지어진 건물이다.
>
> **정답** 1. raised

* 자동사의 p.p는 꾸미는 형용사 역할을 할 수 없다. (후치 수식)
* 타동사의 p.p가 꾸미는 형용사 역할을 할 수 있다.

2 보어(C) 자리

① S+V$_2$+**S.C**   [ing vs p.p]
② S+V$_5$+O+**O.C**   [ing vs p.p]

① He grew **excited** about setting up a new computer in his room.
그는 방에 새 컴퓨터를 설치한다는 것에 대해 흥분했다.

② I observed him **sleeping** on the table.
나는 그가 테이블 위에서 자고 있는 것을 관찰했었다.

> **Quiz** 다음 문장에서 맞는 것을 고르세요.
>
> 1. Follow the directions below to see if you have the program [install / installed] correctly.
>   그 프로그램을 올바르게 설치했는지 확인하려면 아래 지침을 따르십시오.
>
> 2. You look [bored / boring]. Can't you find anything to do?
>   당신은 지루해 보인다. 할 일을 찾을 수 없는가?
>
> 3. You had better have your tooth [pull / pulled] out by the dentist.
>   치과에 가서 이를 뽑는 게 좋겠다.
>
> 4. I heard the men [discussing / discussed] the matter.
>   남자들이 그 문제를 논의하는 것을 들었다.
>
> **정답** 1. installed   2. bored   3. pulled   4. discussing

3 V−making(분사 자체가 동사가 될 수 없지만 동사의 일부분이 될 수는 있다)

① S+<u>be V −ing</u>　　[진행 V]　　S가 −하고 있는 중이다
② S+<u>be V p.p</u>　　[수동 V]　　S가 −되어지다
③ S+<u>have p.p</u>　　[완료 V]　　S가 −해오고 있다

① It is **raining** now.
지금 비가 오고있는 중이다.

② Hate is not **conquered** by hate : hate is **conquered** by love.　　　[Pali Tripitaka]
중오는 증오에 의해 정복되지 않는다 : 증오는 사랑에 의해 정복된다.

③ He has **finished** the work.
그는 그 일을 끝냈다.

분사구문

1 분사구문 전환 (절 → 분사구문)

01 절을 분사구문으로 만드는 방법

① 접속사는 생략한다.
② 주어는 주절의 주어와 같을 때는 생략하고, 다르면 남긴다.
③ 동사는 주절의 시제와 같으면 단순형 현재분사(동사원형＋ing)로, 주절보다 이전의 시제이면 완료형 현재분사 (having＋동사의 p.p)로 고친다.
　＋Being/ Having been 은 생략 가능하다.

cf 분사구문
　　접 ＋ S ＋ V–, S' ＋ V'–. ▷ –ing / p.p –, S' ＋ V'–.
　　　(부사절)　　　(주절)　　　　　[분사구문]　　　(주절)

2 분사구문 전환 Practice (다음 부사절을 분사구문으로 바꿔 봅시다.)

01 **Because I felt thirsty**, I drank some water.　　　　　　[이유]
목이 말라서 물을 좀 마셨다.
　＝Feeling thirsty,

02 **If you turn to the right**, you will find the store.　　　　[조건]
오른쪽으로 돌면, 가게를 발견 할 것이다.
　＝Turning to the right,

03 **Though he looks manly**, he is frightened of worms.　　　[양보]
남자다워 보일지라도, 그는 벌레를 무서워한다.
　＝Looking manly,

04 He extended his hand, <u>while he smiled brightly</u>.　　　　　　[동시동작 / 부대상황]

그는 밝게 웃으며 손을 뻗었다.

＝, smiling brightly.

05 <u>When some people are absorbed in their own thoughts</u>, they don't respond to external stimulus.　　　　　　[being 생략]

어떤 사람들은 자신의 생각에 몰두할 때, 그들은 외부의 자극에 반응하지 않는다.

＝ Absorbed in their own thoughts,

06 <u>As Emily had been scolded by her teacher</u>, she was crying when you saw her.

Emily는 선생님에게 혼났기 때문에 당신이 그녀를 보았을 때 울고 있었다.

＝ Scolded by her teacher,　　　　　　[완료 분사구문＋having been 생략]

07 <u>When our dinner was over</u>, we went out for a walk.

저녁 식사가 끝나자 우리는 산책을 나갔다.

＝ Our dinner being over,　　　　　　[독립 분사구문 － 주어가 다른 분사구문]

08 <u>Because she didn't feel well</u>, she didn't go to school yesterday.　　　　　　[분사구문의 부정]

그녀는 몸이 안 좋아서 어제 학교에 가지 않았다.

＝ Not feeling well,

09 <u>Though he was hungry</u>, he ate nothing because he was on a diet.　　　　　　[형용사로 시작]

비록 그가 배고팠다고 할지라도 그는 다이어트 중이었기 때문에 아무것도 먹지 않았다.

＝ Hungry,

10 <u>As she is a teacher</u>, she loves every student equally.　　　　　　[명사로 시작]

그녀는 선생님이기 때문에 모든 학생을 동등하게 사랑한다.

＝ A teacher,

CHAPTER **10**

3 분사구문 - Grammar

01 분사구문－능동 vs 수동

–ing – , S+V ~ .   S+V–, –ing
  vs   vs
 p.p   p.p.

[해석]   [구조]
S –ing – , <u>S</u> + V –. V_3–ing + N (목적어)
  vs
  p.p V_3 p.p + N (목적어)

S가 –했다 : –ing
 S가 –되어졌다 : p.p

* 분사구문에서는 현재분사(~ing / 능동)와 과거분사(p.p / 수동)를 구별하는 문제를 많이 물어본다.

Quiz 문법상 적절한 것을 고르세요.

1. [Eating / Eaten] well, my cousin regained all her health.
   잘 먹고, 사촌은 건강을 회복했다.

2. [Surprising / Surprised] at the sound of footsteps, the thief ran away.
   도둑은 발자국 소리에 놀라 달아났다.

3. [Biting / Bitten] the poisoned apple, Snow White collapsed to the ground.
   백설공주는 독이 든 사과를 한 입 먹고 땅에 쓰러졌다.

4. The headlights [turning / being turned] on during the night, I found my car out of battery in the morning.
   밤에 헤드라이트가 켜지는 바람에 아침에 내 차의 배터리가 나간 걸 알았다.

5. [Having / Had] very short hair, she is occasionally mistaken for a man.
   그녀는 머리가 짧아서 때때로 남자로 오해 받기도 한다.

정답   1. Eating   2. Surprised   3. Biting   4. being turned   5. Having

02 분사구문 - 시제

~ ing - , S V ~ .
  vs
having p.p

~ ing ⇨ 주절의 V와 같은 시제
having p.p ⇨ 주절의 V보다 더 오래전 일 (더 이전 시제)

* 분사구문에서는 단순 분사구문의 형태(~ing)와 완료 분사구문의 형태(having p.p)를 구별하는 시제 문제를 물어볼 수도 있다.

Quiz 문법상 적절한 것을 고르세요.

1. [Seeing / Having seen] that movie before, I don't want to go to the movie again.
그 영화를 전에 본 적이 있어서, 나는 다시 그 영화를 보러 가고 싶지 않다.

2. [Reading / Having read] the book, he returned it to the library.
그는 책을 읽고 도서관에 반납했다.

3. David hurt his knee while [playing / having played] basketball.
David은 농구하다가 무릎을 다쳤다.

정답 1. Having seen　2. Having read　3. playing

UNIT 02 분사구문 etc

1 부대상황

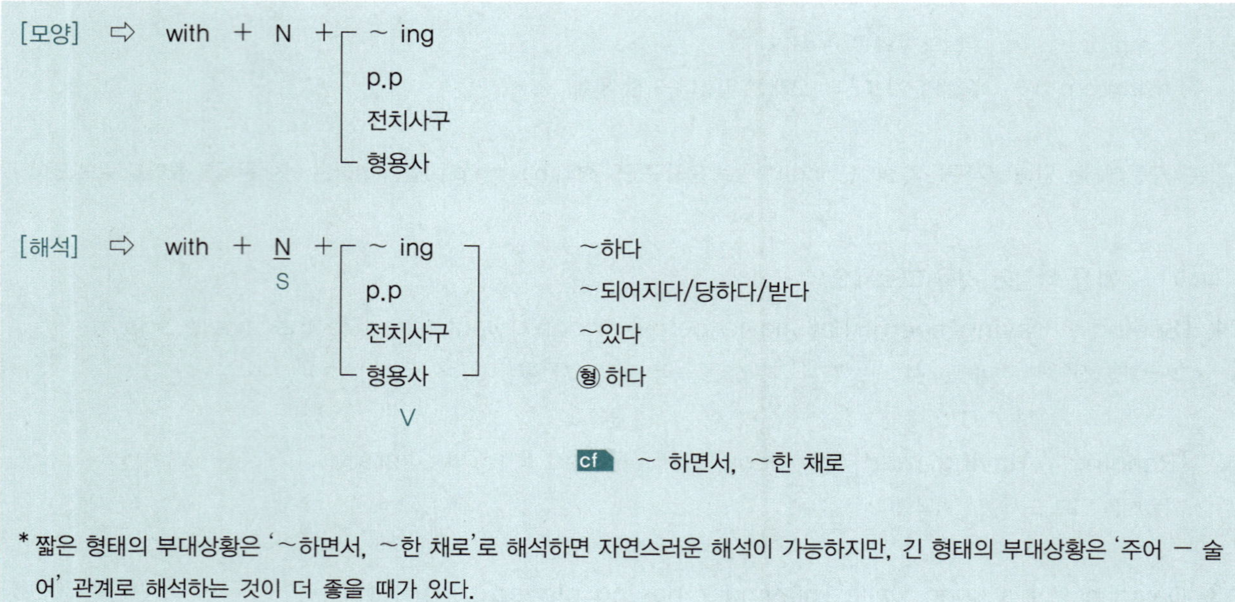

* 짧은 형태의 부대상황은 '~하면서, ~한 채로'로 해석하면 자연스러운 해석이 가능하지만, 긴 형태의 부대상황은 '주어 ― 술어' 관계로 해석하는 것이 더 좋을 때가 있다.

① **With** my heart **beating** I ran to the station.
가슴이 두근거리는 채로 나는 역으로 달려갔다.

② He sat on the chair, **with** his arms **folded**.
그는 팔짱을 끼고 의자에 앉았다.

③ Don't come back home **with** your clothes **dirty**.
옷이 지저분한 채로 집에 돌아오지 말아라.

④ She remained silent **with** tears **in her eyes**.
그녀는 눈물을 흘리며 침묵을 지켰다.

⑤ **With** no defenders **trying** to tackle him, the attacker scored an easy goal.
어떤 수비수들도 그에게 태클을 하려고 하지 않았다. 그 공격수는 쉬운 골을 득점했다.

02 Grammar

~ with＋ N ＋-ing ─
          vs
          p.p

[해석]

N ＋-ing ─
S   vs
          p.p
          v

S가 ─했다 : -ing

S가 ─되어졌다 : p.p

[구조]

V_3-ing ＋ N (목적어)

V_3 p.p ＋ N (목적어)

* 분사구문의 일종인 부대상황에서도 현재분사(~ing / 능동)와 과거분사(p.p / 수동)를 구별하는 문제를 물어볼 수 있다.

Quiz 문법상 적절한 것을 고르세요.

1. With so many people [getting / gotten] their information online, there may not be a need for traditional newspapers.

   많은 사람들이 온라인에서 그들의 정보를 얻고 있기 때문에 전통적인 신문이 필요하지 않을 수도 있다.

2. Mary stood with her hand [shading / shaded] her eyes.

   Mary는 손으로 눈을 가리고 서 있었다.

3. Mary shut herself up in the room, with all the windows [closed / closing].

   Mary는 모든 창문을 닫고 방에 틀어박혔다.

정답 1. getting   2. shading   3. closed

CHAPTER 10

2 분사구문의 관용 표현 (비인칭 분사구문)

[부사가 나오는 경우 어순] -ly(부사)＋~ing(현재분사)

01 Judging from : ~로 판단하건대

Judging from her first novel, she will be a great writer.

그녀의 첫 소설로 판단하건대, 그녀는 **훌륭한** 작가가 될 것이다.

02 Generally speaking : 일반적으로 말해서

Generally speaking, men are more competitive than women.

일반적으로 말해서, 남자들은 여자들보다 더 경쟁적이다.

03 Strictly speaking : 엄격히 말해서

Strictly speaking, the book is not a novel.

엄밀히 말해서, 그 책은 소설이 아니다.

04 Frankly speaking : 솔직히 말해서

Frankly speaking, I cannot agree with you.

솔직히 말해서, 나는 너의 의견에 동의할 수 없다.

05 Talking of : ~로 말하면 (~에 대해서 말해보자면)

Talking of money, have you paid the tailor's bill yet?

돈에 대해서 말해보자면, 양복점 계산서 벌써 냈어요?

06 Granting that : ~은 인정한다 할지라도

Granting that you are right, how do you account for the shortage of money in the account book?

당신이 맞다는 것은 인정하다 할지라도, 당신은 회계 장부상의 자금 부족을 어떻게 설명할 것인가?

07 Considering : ~을 고려했을 때

He did poorly in his exams, **considering** how hard he had studied for them.

그가 얼마나 열심히 공부했는지를 고려했을 때 시험을 잘 보지 못했다.

08 Roughly speaking : 대략적으로 말해서

The distance of the Sun from the Earth is, **roughly speaking**, ninety-three million miles.

지구에서 태양까지의 거리는 대략적으로 말해서 9,300만 마일이다.

장대영 영어
Graphic 문법

Graphic

문법 2

등위 접속사 & 상관 접속사

UNIT 01 등위 접속사

대등한 모양과 내용을 연결시키는 기능을 하는 접속사를 등위 접속사라 한다.

단어＋and /or/ but＋단어 ┐
구＋and /or/ but＋구   │ 특히 구와 구의 연결의 파악 능력을 갖출 것!
절＋and /or/ but＋절 ┘

01 and

1. 그리고
2. 그래서
3. 그러면 (명령문＋and)

① I bought some **bread** and **fruits** at the grocery.　　　　　[and − 그리고]
나는 식료품점에서 약간의 빵 그리고 과일을 샀다.

② She **got up** and **drank** a cup of cocoa.　　　　[and − 그리고, 그래서]
그녀는 일어나서 한 컵의 코코아를 마셨다.

③ Exercise hard, and you will get rid of the fat on your stomach.　　[and − 그러면]
운동을 열심히 해라, 그러면 너는 너의 복부에 있는 지방을 제거할 수 있을 것이다.

④ After feeding my brother and me breakfast, she would **scrub**, **mop**, and **dust** everything.

[A와 B와 C ⇨ A, B, and C]

내 남동생과 내게 아침을 먹이고 난 후에, 그녀는 모든 곳을 문질러 닦고, 대걸레로 닦고, 그리고 먼지를 털어냈다 .
* A와 B와 C를 'A and B and C'로 표현할 수도 있지만, 보통 'A, B, and C'형태로 쓴다.

⑤ The story is long, nor have I heard it out.　　　　[nor − 그리고 아니다]
그 이야기는 길고, 나는 그 이야기를 끝까지 들어본 적이 없다.

> **+@**   nor ＝ and＋not
>
> \# **nor** V S
>
> The story is long, **nor** have I **not** heard it out. (×) → 이중부정 금지
>
> The story is long, **nor** have I heard it out. (○)
>
>
> * nor는 부정어를 포함하고 있기 때문에,
>
> ① nor 뒤에 '주어-동사'의 도치된 형태가 나와야 한다.
>
> ② nor 뒤에 나오는 문장에서 부정어 'not'이 나와서는 안 된다.

02 or

1. 또는
2. 즉, 다시 말해서
3. 그렇지 않으면 (명령문＋or), (평서문＋or)

① **Coffee** or **milk**? What do you want to drink?   [or － 또는]
커피 또는 우유? 어떤 것을 마시겠습니까?

② She will major in geology, or the science of the earth's crust.   [or － 즉, 다시 말해서]
그녀는 지질학, 다시 말해서 지각의 과학을 전공할 것이다.

③ Turn the heat down or everything around us will burn.   [or － 그렇지 않으면]
불[온도]를 줄여라, 그렇지 않으면 너의 주변의 모든 것이 타버릴 것이다.

④ She must love him, or she wouldn't keep calling him.   [or － 그렇지 않으면]
그녀는 그를 사랑함에 틀림없어, 그렇지 않으면 그녀는 그에게 계속 전화하지 않을 거야.

⑤ The process of producing a product may harm the environment by **destroying** a
forest, **polluting** a river, or **creating** dirty air.   [A 또는 B 또는 C ⇨ A, B, or C]
하나의 제품을 생산하는 과정은 숲을 파괴하고, 강을 오염시키고, 또는 더러운 공기를 만들어 냄으로써 환경을 해칠지도 모른다.
* A 또는 B 또는 C를 'A or B or C'로 표현할 수도 있지만, 보통 'A, B, or C' 형태로 쓴다.

03 but

1. 그러나
2. except (제외하고)
3. only (단지, 꼭)
4. 유사관계대명사 (관계대명사 that＋not)

① Conflict is always difficult, but it sometimes leads to growth and change in organizations. [but－그러나]
갈등은 항상 어렵고, 그러나 그것은 때때로 조직들 안에서 성장과 변화를 이끈다.
* S+V, but S'+ V'

② Nobody but she knew it. [but － except]
그녀를 제외하고 그것을 아무도 모른다.

③ The project will be hard to do. Still, we can but try. [but － only]
그 프로젝트는 수행하기 어려울 것이다. 그러나 우리는 단지 시도할 수는 있다.

④ There is no rule but has exception. [but － 유사 관계대명사]
예외없는 규칙은 없다.

04 병렬구조 (V or 준V)

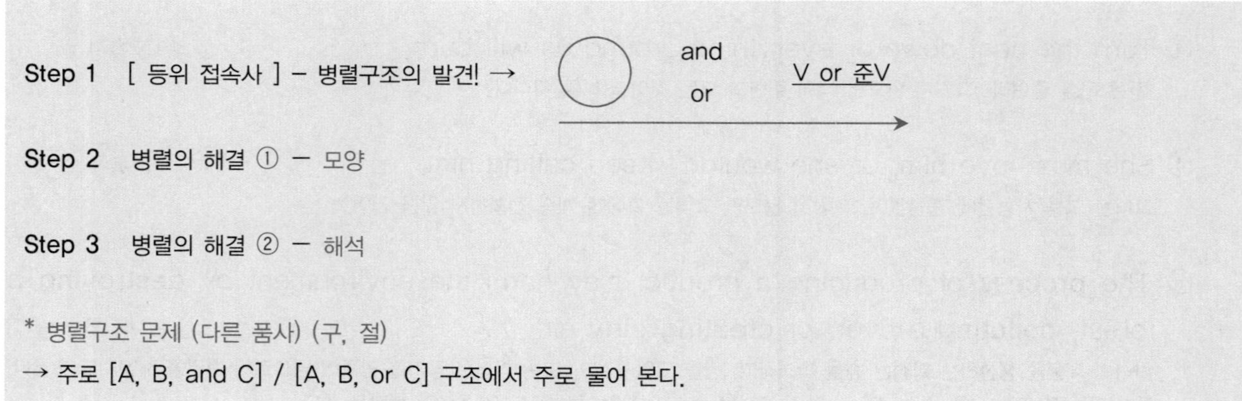

Quiz 문법상 적절한 것을 고르세요.

1. In ancient India, honey was used to preserve fruit and [**made / make**] cakes and other foods.

고대 인도에서, 꿀은 과일을 보존하고 케이크와 다른 음식들을 만들기 위해 사용되었다.

2. He contributed to preparing the project and [**feeling / felt**] good.

그는 그 프로젝트를 준비하는데 기여했고 그리고 기분이 좋았다.

3. The next step is to read it carefully and [**studies / to study**] the rules of the road.

다음 단계는 그것을 주의 깊게 읽고 교통 규칙들을 공부하는 것이다.

4. The excitement of watching sports games comes from cheering on your team, celebrating its skills, and [**complains / complaining**] about the opposing team's good luck.

스포츠 게임들을 보는 즐거움은 너의 팀을 응원하고, 그 기량을 찬양하고, 그리고 상대팀의 행운에 불평[항의]하는 것으로부터 나온다.

5. It doesn't matter what age you are, what you look like, or [**you came from / where you came from**].

너의 나이가 무엇인지, 너가 어떻게 생겼는지, 또는 너가 어디서 왔는지는 문제가 되지 않는다.

6. The lack of oxygen in the air would make dizzy, dazed, and [**unconscious / unconsciously**].

공기의 산소부족은 사람들을 어지럽고, 멍하고, 그리고 무의식에 빠지게 만든다.

정답 1. make   2. felt   3. to study   4. complaining   5. where you came from   6. unconscious

UNIT 02 상관 접속사

01

[해석]

① both A and B   A와 B 둘 다
② either A or B   A, B 둘 중 하나
③ neither A nor B   A와 B 둘 다 아닌

* Grammar : A와 B 병렬

02

[해석]

① not A but B   A가 아니라 B
　= B and not A
　= B, not A

② not only A but (also) B   A 뿐만 아니라 B도 역시
　　= just　　= but B as well
　　= merely
　= B as well as A

③ not so much A as B   A라기보다는 B
　= not A so much as B
　= B rather than A

* Grammar : A와 B 병렬 (Reading : A의 내용보다 B의 내용이 더 중요)

① The results of the research are **both** impressive **and** alarming.
그 조사의 결과들은 인상적이고 놀랍다.

② You must be **either** for **or** against the idea.
너는 그 아이디어에 찬성 또는 반대해야 한다.

③ He **neither** drinks **nor** smokes.
그는 술을 마시지도 흡연을 하지도 않는다.

④ The most important thing in the Olympic Games is **not** to win **but** to take part in them.
올림픽 게임에서 가장 중요한 것은 이기는 것이 아니고, 그 게임들에 참가하는 것이다.

⑤ The value of marriage is **not** that adults produce children **but** that children produce adults.
결혼의 가치는 어른들이 아이들을 낳는 것이 아니라, 어린이들이 어른들을 창조하는 것이다.

⑥ Each stage of life is **not only** a complete life in itself **but** preparation for the next.
삶의 각 단계는 그 자체로 완료된 삶일 뿐만 아니라 다음을 위한 준비이다.

⑦ Fair play is the golden rule of life **as well as** of games.
페어플레이는 게임뿐만 아니라 삶의 황금률(행동의 기본원리)이다.

⑧ It matters how we live, **not** how long we live.
우리가 얼마나 오래 사느냐가 아니라, 우리가 어떻게 사느냐가 중요하다.

⑨ Her appearance is **not so much** attractive **as** plain.
그녀의 외모는 매력적이기보다는 평범하다.

Quiz 다음 문장에서 틀린 곳을 찾아 고치세요.

1. Love does not consist in gazing at each other, but in looks outward.
사랑이란 서로 마주보는 것이 아니라 둘이서 똑같은 방향을 내다보는 것이다.

2. Volunteers aren't paid, not because they are worthless, but they are priceless.
자원 봉사자들은 그들이 가치 없기 때문이 아니라, 그들이 값을[가치]를 매길 수 없기 때문에 보수를 받지 않는다.

정답 1. looks → looking　2. but → but because

명사절 접속사 & 부사절 접속사

UNIT 01　명사절 접속사

명사절 – 주어 동사의 관계를 갖춘 절이 명사절 접속사와 함께 쓰여 문장 내에서 주어, 목적어, 보어 역할을 한다.

① [● + (S) + V] + -V-
　↳ That　　　　S
　　What
　　Whether
　　의문사
　　wh-ever

② S + V3 + [● + (S) + V]
　　　　　　　　　　　　O

③ S + V2 + [● + (S) + V]
　　　be V　　　　　　S.C

1 명사절 접속사

01 명사절 접속사 that

[해석] ~것

명사절 접속사 **that**＋C.C (Complete Clause-완전한 절)

① **That** she scarcely calls you means she no longer loves you.　　[목적절 that은 생략 가능]
그녀가 너에게 전화를 거의 하지 않는 것은 그녀가 더 이상 너를 사랑하지 않는다는 것을 의미한다.

② Some star players believe **that** their role is a role model for young people.
몇몇의 인기 선수들은 그들의 역할이 젊은이들의 롤모델이라고 믿는다.

③ The important thing is **that** our self−image is formed by our beliefs.
중요한 것은 우리의 자아상이 우리의 신념들에 의해 형성된다는 것이다.

④ She is afraid of **that** she will not pass the exam. (✕)　　[전치사＋명사절 that (✕)]
그녀는 그녀가 그 시험을 통과하지 못할 것을 두려워한다.

⑤ She has advantage over you **in that** she can speak French. [전치사＋that s v 관용 표현]
그녀는 프랑스어를 할 수 있다는 점에서 너보다 유리한 위치에 있다.
cf in that S V → S가 V한다는 점에서

02 명사절 접속사 what

[해석] ~것

명사절 접속사 **what**＋I.C(Incomplete Clause − 불완전한 절)

① **What** I need is your love.
내가 필요한 것은 너의 사랑이다.

② I don't know **what** she meant to say.
나는 그녀가 말하고자 의도한 것을 모르겠다.

03 명사절 접속사 whether (if)

[해석] ~인지 아닌지 (여부)

\# 명사절 접속사 **whether**＋C.C(Complete Clause－완전한 절)

\# whether ＝ if '~인지 아닌지'
　　but
If절은 ① 주어 자리 (×)　　② 전치사의 목적어 자리 (×)
　　　　③ if or not (×)　　④ if to V (×)

① **Whether** you will do it or not is up to you.
If you will do it or not is up to you. (×)
네가 그것을 할 것인지 안 할 것인지는 너에게 달려있다.

② I want to know **whether** or not he has signed the contract.
I want to know **if** or not he has signed the contract. (×)
나는 그가 그 계약에 서명을 했는지를 알길 원한다.

③ There is no question about **whether** I should give him another chance or not.
There is no question about **if** I should give him another chance or not. (×)
내가 그에게 또 한 번의 기회를 주어야 하는지 말아야 하는지에 대해서는 의문의 여지가 없다.

④ I don't know **whether** to go there.
I don't know **if** to go there. (×)
나는 그곳에 가야 할지 말아야 할지 모르겠다.

⑤ The question is **whether** I should give him another chance or not.
문제는 내가 그에게 또 한 번의 기회를 주어야 하는지 말아야 하는지이다.

04 명사절 접속사 '의문사' : 의문대명사 who / which

[해석] '의문사' 의미 살려서

\# 명사절 접속사 **who / which**＋I.C(Incomplete Clause－불완전한 절)

① I don't know **who** the man is.
나는 그 남자가 누구인지 모른다.

② I don't know **which** your car is.
나는 너의 차가 어떤 것인지 모른다.

05 **명사절 접속사 '의문사'**: 의문부사 when / where / why / how

[해석] '의문사' 의미 살려서

명사절 접속사 **when / where / why / how**+C.C(Complete Clause – 완전한 절)

① I want to know **when** the murder accident happened.
나는 그 살인 사건이 언제 일어났는지 알고 싶다.

I want to know **where** the murder accident happened.
나는 그 살인 사건이 어디서 일어났는지 알고 싶다.

I want to know **why** the murder accident happened.
나는 그 살인 사건이 왜 일어났는지 알고 싶다.

I want to know **how** the murder accident happened.
나는 그 살인 사건이 어떻게 일어났는지 알고 싶다.

06 **명사절 접속사 '- ever'**: 복합관계대명사 who(m)ever / whichever / whatever

[해석] -이든지

명사절 접속사 **복합관계대명사**+I.C(Incomplete Clause – 불완전한 절)

① **Whoever** comes late will not be admitted to the class.
누구든지 늦게 오는 사람은 그 수업에 받아지지 않을 것이다.

② The best way is to draw **whatever** you are really interested in.
가장 좋은 방법은 무엇이든지 너가 정말 흥미 있는 것을 그리는 것이다.

③ You can have **whichever** you like.
너는 너가 좋아하는 것이라면 어떤 것이든지 가질 수 있다.

UNIT 02 부사절 접속사

부사절: 주어 동사의 관계를 갖춘 절이 부사절 접속사와 함께 쓰여 문장 내에서 부사의 역할을 한다.

① [● + (Ⓢ) + Ⓥ −] (,) S + V
  ↳ 시간 이유
  　조건 양보
  　대조 양태

② S + V (,) [● + (Ⓢ) + Ⓥ −]
  　　　↳ 시간 이유
  　　　　조건 양보
  　　　　대조 양태
  　　　　목적 결과

1 부사절 접속사

01 시간의 부사절 접속사

when	~할 때	as	~할 때	while	~하는 동안에
after	~한 후에	before	~하기 전에	since	~이후로
until	~할 때까지	by the time	~할 무렵에	as soon as	~하자마자
whenever	~할 때마다				

① **When** Tom was looking for his comic book, he found his room too messy.
　Tom이 그의 만화책을 찾는 중이었을 때, 그는 그의 방이 매우 어질러져 있다는 것을 발견했다.

② **By the time** Matilda was three, she had taught herself to read by studying newspapers.
　Matilda가 3살일 무렵에, 그녀는 신문을 공부함으로써 읽기를 독학했었다.

③ Prepare a lot **before** you interview someone.
　너가 누군가를 인터뷰하기 전에 준비를 많이 해라.

02 이유의 부사절 접속사 (~이기 때문에)

because　　　since　　　as　　　for　　　now that
cf in that

① He couldn't go out **because** it rained a lot there.
그곳에 비가 너무 많이 왔기 때문에, 그는 밖에 나갈 수 없었다.

② **As** she was poor, she couldn't afford to buy a car.
그녀는 가난했기 때문에, 그녀는 차 한 대를 살 형편이 되지 않았다.

③ **Since** he is under nineteen, he can't watch the movie.
그가 19살 미만이었기 때문에, 그는 그 영화를 볼 수 없었다.

④ It's morning, **for** the birds are singing.
그 새들이 지저귀는 중이니까, 아침이다.

⑤ The bag is too heavy for me to lift **now that** I am very old.
내가 매우 늙었기 때문에, 그 가방은 내가 들어 올리기에 너무 무겁다.

03 양보의 부사절 접속사 (~일지라도)

though　　　although　　　even though　　　even if　　　while

① **Though** my mom is sick, she always smiles.
비록 우리 엄마는 아플지라도, 그녀는 항상 웃는다.

② **While** I want to help the poor, I do not have enough money now.
내가 가난한 사람들을 돕고싶을지라도, 나는 지금 충분한 돈이 없다.

+@　no matter how(however)＋형용사 or 부사＋S＋V (아무리 ~일지라도)

No matter how rich he is, I don't like him. ＝ However rich he is, I don't like him.
그가 아무리 부유할지라도, 나는 그를 좋아하지 않는다.

+@　no matter ‒ (‒ever)＋S＋V (~이든지)

Whatever they tell us, they are wrong. ＝ No matter what they tell us, they are wrong.
그들이 우리에게 무슨말을 하든지, 그들은 틀렸다.

> **+@**
> (As) 형용사 or 부사 or 명사 as / though S V
> = Although / Though S V 형용사 or 부사 or 명사

<u>Cute as she is</u>, I don't like her. = <u>Although she is cute</u>, I don't like her.
그녀가 아무리 귀여워도, 나는 그녀를 좋아하지 않는다.

04 조건의 부사절 접속사

if	~한다면	unless	~하지 않는다면	once	일단 ~하면
in case	~인 경우에	as (so) long as	~하는 한	Supposing	= if
provided that	= if				

① If you know the answer, please raise your hand.
만약 너가 답을 안다면, 손을 들어라.

② You'll miss the train **unless** you run the station quickly.
You'll miss the train **unless** you do **not** run the station quickly. (✕) → 이중부정 금지
만약 너가 빨리 역으로 뛰어가지 않는다면, 너는 그 기차를 놓치게 될 것이다.

③ You only have power over people **as long as** you don't take everything away from them.
너가 그들로부터 모든 것을 가져가지 않는 한, 너는 겨우 그들을 지배할 뿐이다.

④ There is no problem **provided** we arrive at the same destination.
우리가 같은 목적지에 도착한다면, 문제는 없다.

05 대조의 부사절 접속사 (~인 반면에)

whereas	while

① She looks very old, **whereas** her husband looks young.
그녀는 매우 늙어 보이는 반면에 그녀의 남편은 매우 어리게 보인다.

06 양태의 부사절 접속사

as if	마치 ~처럼	as though	마치 ~처럼	as	~처럼 / ~대로
the way	~처럼 / ~대로	like	~처럼		

① Do **as** you are told.
시키는 대로 해라. (들은 대로 해라)

② She is walking **as if** she doesn't know where she is headed for.
그녀는 마치 그녀가 어디로 향하는 중인지를 모르는 것처럼 걷는 중이다.

③ Work **like** you don't need the money, and you will succeed in the field.
너가 돈이 필요하지 않는 것처럼 일해라, 그러면 너는 그 분야에서 성공할 것이다.

④ Today's young people expect to solve all their problems immediately, **the way** a hero does in a movie.
오늘날의 젊은 사람들은 영화 속에서 영웅들이 하는 것처럼, 모든 문제들을 즉각적으로 해결하기를 기대한다.

07 목적의 부사절 접속사

so that	~하기 위하여	in order that	~하기 위하여
lest	~하지 않도록	for fear	~하지 않도록 / ~할까 두려워서

① I allow him to know my phone number **so that** she can call me.
나는 그녀가 나에게 전화할 수 있게 하기 위해, 그녀가 내 핸드폰 번호를 아는 것을 허락한다.

② Be careful **lest** you **(should)** fall from the roof.　　　[lest S (should) V원형]
Be careful **lest** you **(should) not** fall from the roof. (×)　　　[이중부정 금지]
지붕에서 떨어지지 않도록 조심해라.

08 결과의 부사절 접속사

so … that ~	너무 …해서 ~하다	, so that	그래서
such … that ~	너무 …해서 ~하다	, so	그래서

① It was **so** hot **that** I drank cold water.　　　[so 형 / 부 that ~]
날씨가 너무 더워서 나는 찬물을 마셨다.

② She is **such** a beautiful woman **that** everyone around her likes her.
＝ She is **so** beautiful a woman **that** everyone around her likes her.
　　　[such a(n) 형 명 that ~ ＝ so 형 a(n) 명 that ~]
그녀는 너무 아름다운 여성이어서 그녀 주변의 모든 이들은 그녀를 좋아한다.

③ He broke his arm, **so that** he couldn't play the guitar.　　　[, so that ~ ＝ so]
그는 팔이 부러져서, 그는 기타를 연주할 수 없었다.

2 접속사 vs 전치사

01 [접속사 + S + V] vs [전치사 + S + V]
         ○   ×

접속사+S+V (○)	접속사+S+V (×)	해석
① because	because of	~때문에
② while	during	~동안에
③ although	despite	~일지라도
④ in case	in case of	~인 경우 (대비하여)

cf because of = due to = owing to = thanks to = on account of

cf despite = in spite of = with all = for all = notwithstanding

① **Because** I'm not rich, I cannot buy her the bag.
Because of I'm not rich, I cannot buy her the bag. (×)
나는 부유하지 않기 때문에, 나는 그녀에게 그 가방을 사줄 수 없다.

② **While** we were out, this thief was in our house.
During we were out, this thief was in our house. (×)
우리가 밖에 있는 동안에, 이 도둑은 우리집 안에 있었다.

③ **Although** she has faults, I love her.
Despite she has faults, I love her. (×)
비록 그녀가 단점을 가지고 있을지라도, 나는 그녀를 사랑한다.

④ **In case** your clothes get dirty, take some spare ones.
In case of your clothes get dirty, take some spare ones. (×)
옷이 더러워질 경우를 대비하여, 여벌옷을 좀 챙겨라.

cf while (S+be V)
        ↳ 생략 가능

① While (we are) doing the work, we should conform safety guidelines.
→ While doing the work, we should conform safety guidelines.
그 일을 하는 동안 우리는 안전수칙을 따라야 한다.

Quiz 다음 문장에서 틀린 곳을 찾아 고치세요.

1. [Whether / If] he can solve the problem is unclear.

   그가 그 문제를 해결할 수 있을지 여부는 분명하지 않다.

2. I wonder [whether / if] or not he has signed the contract.

   나는 그가 계약에 서명을 했는지 여부가 궁금하다.

3. I didn't go out lest I [should / should not] waste time.

   나는 시간을 낭비하지 않도록 밖에 나가지 않았다.

4. Unless you [finish / will finish] the project, you'll not be allowed to go there.

   네가 그 프로젝트를 끝내지 않는다면, 너는 그곳에 가도록 허락받지 못할 것이다.

5. [Despite / Despite of / Although] Harry Potter's tremendous figures, some analysts predicted they could not match The Titanic.

   해리포터의 엄청난 수치에도 불구하고, 몇몇 분석가들은 그것이 타이타닉과 겨룰 수 없을 것이라고 예측했다.

정답 1. whether   2. whether   3. should   4. finish   5. Despite

형용사절 = 관계사절

형용사절: 주어 동사의 관계를 갖춘 절이 형용사절 접속사(관계 대명사, 관계부사)와 함께 쓰여 문장 내에서 명사를 수식하는 역할을 합니다.

관계사절: 관계대명사가 이끄는 관계대명사절과 관계부사가 이끄는 관계부사절을 말합니다.

UNIT 01 관계대명사

	선행사	주격	목적격	소유격
관계대명사	사람	who	who(m)	whose
	사물/동물	which	which	whose / of which
	사람/사물/동물	that	that	X
	X	what	what	X

1 관계대명사 역할

관계대명사 = [접속사] + [대명사]
접속사: 단어, 구, 절 등을 연결하는 기능을 하는 품사를 말한다.

She employed a man. He had worked in the advertising company.

= She employed a man **and He** had worked in the advertising company.

= She employed a man **who** had worked in the advertising company.

그녀는 그 남자를 고용했다. 그는 광고 회사에서 일해왔었다.

2 관계대명사 ― 선행사

선행사 : (관계사절의) 꾸밈을 받는 말 (품사 ― 명사)

① 선행사(사람) : 관계대명사 who, that

She is <u>the girl</u> **who[that]** I loved 2 years ago.

그녀는 내가 2년 전에 사랑했던 소녀이다.

② 선행사(사물) : 관계대명사 which, that

<u>The book</u> **which[that]** I had borrowed from her was lost.

내가 그녀로부터 빌렸었던 그 책은 분실되었다.

③ 선행사(사람＋사물) : 관계대명사 that

Look at <u>a girl and a dog</u> **that** are running toward us.

우리를 향해서 달려오는 중인 한 소녀와 개를 보아라.

3 관계대명사 [틀]

01 주격

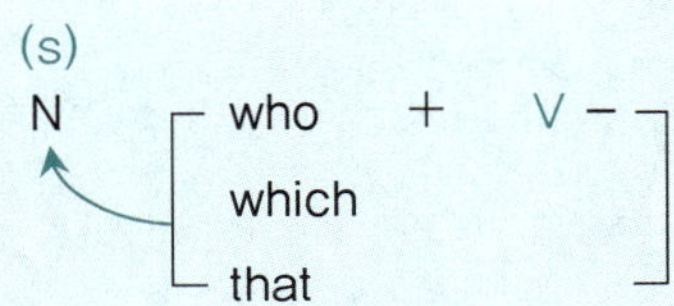

주격 관계대명사절 : 관계대명사절의 동사의 주어 자리에 있던 명사가 수식을 받는 선행사로 나간 관계대명사절을 말한다.

주격 관계대명사로는 who, which, that이 있다.

① He is the man **who** stole my watch yesterday.

그는 어제 내 시계를 훔쳐간 남자이다.

② Even the cucumbers **which** [was / <u>were</u>] picked in salt went bad.

[주격 관계대명사절 ― 수일치]

심지어 소금에 절여 놓은 그 오이들도 맛이 갔다[썩었다].

*주격 관계대명사절의 동사의 수일치는 수식을 받는 선행사를 기준으로 한다.

02 목적격

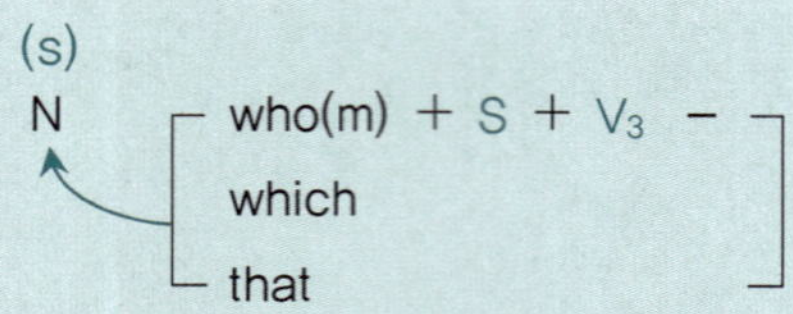

목적격 관계대명사 ⇨ 생략 가능

목적격 관계대명사절: 관계대명사절의 동사의 목적어 자리에 있던 명사가 수식을 받는 선행사로 나간 관계대명사절을 말한다.
목적격 관계대명사로는 who(m), which, that이 있고 생략도 가능하다.

① This is the house **which** I have long wanted.

= This is the house I have long wanted. [목적격 관계대명사 which 생략]

이 집은 내가 오랫동안 원해 온 집이다.

② The man **who(m)** I had loved was actually my older brother born of a different mother.

= The man I had loved was actually my older brother born of a different mother.

[목적격 관계대명사 who(m) 생략]

내가 사랑해 온 그 남자는 다른 어머니에게서 태어난 사실상 내 오빠였다.

03 소유격

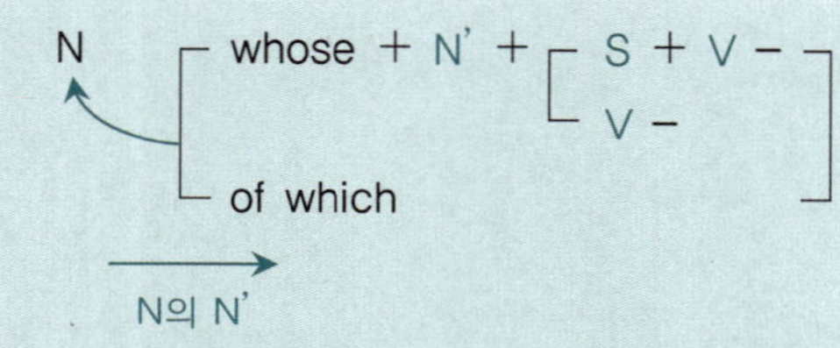

N — 대명사 (×)

소유격 관계대명사: 앞에 있는 명사(선행사)와 그 뒤의 명사를 연결하면서 절과 절을 이어주는 접속사의 기능을 하는 관계대명사
를 말한다. 소유격 관계대명사로는 whose, of which가 있다.

① I have a friend **whose** wife is Chinese. (I have a friend <u>and</u> <u>his</u> wife is Chinese.)
나는 부인이 중국인인 친구가 있다. (나는 친구가 한 명 있다. 그 친구의 아내는 중국인이다.)

② This is the watch **whose** price is beyond my income.
이 시계는 그 가격이 내 수입을 넘어서는 것이다. (이것은 시계이다. 그 시계의 가격은 내 수입을 넘어선다.)

③ His mommy wants to buy the house **of which** the windows face east.

[of which의 선행사 → 사물 / whose의 선행사 → 사람, 사물]

그의 엄마는 그 창문이 동쪽을 향하는 집을 사기를 원한다. (그의 엄마는 그 집을 사기를 원한다. 그 집의 창문들은 동쪽을 향한다.)

4 관계대명사의 계속적 용법 who / which

~ N who / which / that –　　→ 제한적 용법 / 한정적 용법

~ N , who / which –　　→ 계속적 용법

~ N ⊙ <u>who</u> –
　　　　 그런데 그 사람은(을)

~ N ⊙ <u>which</u> –
　　　　 그런데 그것은(을)

~~N, what~~

~~N, that~~ 　　　　　　　　　　　　*관계대명사의 계속적 용법에서는 [that] 금지!

관계대명사의 계속적 용법 : 주로 쉼표(,)로 앞의 문장과 구분되며, 선행사에 대한 추가적인 정보를 제공하기 위해 사용된다. 계속적 용법이 들어간 문장은 보통 앞에서 뒤로 해석을 이어나간다.

① He had three sons **who** became doctors.
그에게는 의사가 된 세 명의 아들이 있었다.

② He had three sons, **who** became doctors.
He had three sons, that became doctors. (×)
그는 세 명의 아들이 있었고, 그리고 그들은 의사가 되었다.

③ He had an expensive car, **which** was out of order.
He had an expensive car, that was out of order. (×)
그는 비싼 차를 한 대 가지고 있었다. 그런데 그것은 고장 났다.

5 관계대명사 what

01 선행사 포함

what = the thing which (that)

① This is **the thing which** I have wanted since then.
= This is **what** I have wanted since then.
이것은 그때 이후로 내가 원해 왔던 것이다.

02 명사 역할

N역할 (S / O / C 자리)

① **What** I need the most is to do nothing.
내가 가장 필요한 것은 아무것도 안 하는 것이다.

② I knew **what** he wanted then.
나는 그가 그때 원하는 것을 알고 있었다.

③ That's not **what** I meant to say.
그것은 내가 말하고자 의도한 것이 아니다.

④ My mother made me **what** I am.
엄마가 지금의 나를 만들었다.

03 관계대명사 what － 관용 표현

① **what**＋[<u>사람 : (대)명사</u>]＋be V → 사람의 인격 / 상태, 상황
          S

what he ─ was   － 과거의 그 (인격, 상황)
        ├ is   － 현재의 그 (인격, 상황)
        └ will be   － 미래의 그 (인격, 상황)

\# what she is (현재의 그녀)
   what I am (현재의 나)
   what you are (현재의 너)

cf what it is － 현재의 상태, 상황

My mother made me **what I am**.
엄마는 현재의 나를 만들었다.

② **what**＋[<u>사람 : (대)명사</u>]＋일반 V
          S

what he has   － 그의 재산
what he is doing   － 그의 직업

A man's worth does not lie in **what he has**, but in **what he is**.
한 사람의 가치는 그가 가지고 있는 것(재산)이 아니라, 그가 어떤 사람인지(인격)에 달려[놓여] 있다.

③ **what we call** ＝ **what is called** → 소위, 이른바
The man is **what we call** a tough guy.
그는 소위 터프가이다.

④ A **be to** B **what** C **be to** D → A와 B와의 관계는 C와 D와의 관계와 같다
A camel **is to** the desert **what** a ship **is to** the sea.
낙타와 사막과의 관계는 배와 바다와의 관계와 같다.

⑤ **what is worse** ＝ to make matters worse → 설상가상으로
I had no money with me. **What is worse**, I had a bad cold.
나는 돈이 없었다. 설상가상으로 감기까지 걸렸다.

6 주의해야 할 관계대명사

01 관계대명사 that

계속적 용법 (×) * 관계대명사 that은 계속적 용법으로 사용할 수가 없다.

I like reading novels, **that** my brother doesn't like. (×)
나는 소설을 읽기를 좋아하고, 그런데 그것을 내 오빠는 좋아하지 않는다.

전치사＋관계대명사 that (×) * 관계대명사 that 앞에는 전치사를 쓸 수 없다.

This is the house **where** I lived.
= This is the house **in which** I lived.
= This is the house **which** I lived in.
= This is the house **that** I lived in.
= This is the house **in that** I lived. (×)
= This is the house I lived in.
이곳이 내가 살았던 집이다.

where = in which
전 + which − = which − + 전
which = that
그러나 [전 + 관.대 that]

[목적격 관계대명사 which 생략]

02 which

계속적 용법일 때, 선행사로 단어, 구, 절이 가능하다.

① I went fishing with <u>my favorite fishing rods</u>, **which** <u>were</u> broken there.
나는 내가 가장 좋아하는 낚싯대들을 가지고 낚시를 갔었고, 그런데 그것들은 거기서 부러졌다.

② He wanted <u>to go to Iceland</u>, **which** <u>was</u> difficult.
그는 아이슬랜드에 가고 싶었고, 그런데 그것은 어려웠다.

③ <u>I eat too many things</u>, **which** often <u>makes</u> my mom angry.
나는 너무 많이 먹는다. 그런데 그것은 엄마를 종종 화나게 만든다.

03 관계대명사절 속 삽입절

[N + 관계대명사] +(S + V) + S'+ V'–.
[What   ]   삽입절

[N + 관계대명사] + (S + V) + V'–.
[What   ]   삽입절

* 문법 문제를 풀 때 삽입절이 나오면 제거!

Quiz 문법상 적절한 것을 고르세요.

1. There was one scholarship for Tom [**who / which**] his teacher thought he could win.
그의 선생님이 생각하기에 그가 받을 수 있다고 생각하는 Tom을 위한 한 개의 장학금이 있었다.

2. I voted for the person who I believed [**was / were**] the best candidate.
나는 내가 최고의 후보자라고 믿는 사람에게 투표했다.

정답 1. which   2. was

---

7 유사 관계대명사 but

선행사 : 부정어＋N(명사)
유사관계대명사 but ＝ 관계대명사 that＋not

① There is **no** rule **but** has some exceptions.
　＝ There is **no** rule **that** doesn't have some exceptions.
　　There is **no** rule **but** doesn't have some exceptions. (×)　　[이중부정 금지]
　　예외 없는 규칙은 없다.

② There is **scarcely** a man **but** <u>speaks</u> ill of him.
　　그를 비난하지 않는 사람은 거의 없다.

UNIT 02 관계부사

선행사	관계부사 종류
[때]를 나타내는 N	when
[장소]를 나타내는 N	where
[이유]를 나타내는 N	why
[방법]을 나타내는 N	how

1 관계부사 역할

관계부사 ⇨ [접속사]＋[부사]

① There was a time. Then prices were very low.
그랬던 적이 있었다. 그때 물가는 매우 낮았다.

= There was a time **and then** prices were very low.
그랬던 적이 있었고, 그리고 그때 물가는 매우 낮았다.

= There was a time **when** prices were very low.
물가가 매우 낮았던 때가 있었다.

2 관계부사 종류

① There will be *a time* **when** you'll find your true love.
당신이 당신의 진정한 사랑을 찾을 수 있을 때가 있을 것이다.

② The Internet is *the place* **where** you can buy anything.
인터넷은 너가 어떤 것이든지 살 수 있는 곳이다.

③ I don't know *the reason* **why** Susie refused my invitation.
나는 Susie가 나의 초대를 거절한 이유를 모른다.

④ I like *the way* **how** he looks at me. (×)
나는 그가 나를 바라보는 것(방식)이 좋다.
* the way how+S+V (×) − 선행사로 쓰이는 the way와 관계부사 how는 같이 쓸 수 없다.

> `cf` I like **the way** he looks at me.
> * the way+S+V (○)
> `cf` I like **how** he looks at me.
> * how+S+V (○)

+@ **where − 선행사의 다양성 [case / situation / circumstance ... − 추상적인 환경]**

* 관계부사 where는 장소에 해당하는 명사만 선행사를 취하는 것은 아닙니다.

① This is a **situation where** I need a knife.
이게 바로 내가 칼이 필요한 상황이다.

② I could show a **case where** bankruptcy was declared.
나는 파산 선고된 사례를 보여줄 수 있었다.

③ This war−time is a **circumstance where** morality is not a problem.
이러한 전쟁 때는 도덕성이 문제시 되지 않는 상황이다.

3 관계부사의 계속적 용법 where/ when

~ ⊙ <u>where</u>
그런데 거기서

~ ⊙ <u>when</u>
그런데 그때

~ , why

~ , how

* **관계부사의 계속적 용법** : 주로 쉼표(,)로 앞의 문장과 구분되며, 선행사에 대한 추가적인 정보를 제공하기 위해 사용된다.
계속적 용법이 들어간 문장은 보통 앞에서 뒤로 해석을 이어나간다.

① After getting married we bought a small house, **where** we lived for the next five years.
결혼한 후에, 우리는 작은 집 한 채를 샀고, 그런데 거기서 우리는 그 후 5년 동안 살았다.

② My favorite month is February, **when** we celebrate Valentine's Day.
내가 가장 좋아하는 달은 2월이고, 그런데 그때 우리는 발렌타인데이를 기념한다.

4 관계부사와 선행사의 생략

관계부사절 − 관계부사 생략 (○) or 선행사 생략 (○)
* 관계부사절에서 관계부사가 생략될 수도 있고, 앞에 나온 선행사가 생략될 수도 있다. (둘 다 동시에 생략될 수는 없다.)

① We've come to **the time when** we have to make a decision.
We've come to **the time** we have to make a decision.   [관계부사 when의 생략]
우리는 우리가 결정을 내려야 할 시점에 왔다.

② Can you explain **the reason why** typhoons become more powerful each year?
Can you explain **the reason** typhoons become more powerful each year?

[관계부사 why의 생략]

태풍이 매년 더욱 강력해지는 이유를 설명해주실 수 있나요?

③ This is **the place where** we used to play.
This is **where** we used to play.   [선행사 the place의 생략]
이곳은 우리가 놀곤 했었던 장소이다.

UNIT 03 복합관계사

복합(ever)＋관계사 ＝ 관계사 ever

CHAPTER 13

1 복합관계대명사

복합관계대명사 : 관계대명사(who, what, which)에 선행사(사람/사물)를 합친 형태이다.

[종류] **who(m)ever / whichever / whatever**

[해석] ～ever → ～이든지간에
　　　who(m)ever → 누구든지 간에
　　　whichever → 어떤 것이든지 간에
　　　whatever → 무엇이든지 간에

[역할] **복합관계대명사절 : 명사절, 부사절(양보절)**

+@　명사절

① **Whoever** wants the item may take it.
　그 아이템을 원하는 사람이라면 누구든지 그것을 가져갈 수 있다.

② Choose **whichever** you want.
　너가 원하는 어떤 것이든지 골라라.

③ **Whatever** has a beginning also has an end.
　시작이 있는 무엇이든지 끝이 있다.

+@ 부사절 − 양보절 (−ever = no matter −)

① Whoever calls, tell him I'm out.

= No matter who calls, tell him I'm out.

누가 전화하든지 간에, 그에게 내가 나갔다고 말해라.

② Whichever you choose, you can use it.

= No matter which you choose, you can use it.

너가 무엇을 고르든지 간에, 너는 그것을 사용할 수 있다.

③ Whatever you do, I am willing to help you.

= No matter what you do, I am willing to help you.

너가 무엇을 하든지 간에, 나는 너를 기꺼이 도울 것이다.

+@ whoever vs whomever

복합관계대명사가 복합관계대명사절 내에서 주어 역할을 하면 whoever를 쓰고,

복합관계대명사가 복합관계대명사절 내에서 목적어 역할을 하면 whomever를 쓴다.

Quiz 문법상 적절한 것을 고르세요.

1. He will give this ticket to [whoever / whomever] comes first.

2. Give this ticket to [whoever / whomever] you like.

정답 1. whoever   2. whomever

2　복합관계부사

* 복합관계부사는 관계부사(when, where, how)에 선행사를 합친 형태입니다.

[종류]　whenever　/　wherever　/　however

[해석]　~ever　　→　~이든지간에
　　　　whenever　→　언제든지 간에 / ~할 때 마다
　　　　wherever　→　어디서든지 간에
　　　　however　→　어떻게든지 간에 / 아무리 ~일지라도

[역할]　**복합관계부사절 : 부사절(양보절)**

+@　부사절 — 양보절 (−ever = no matter −)

① Sit **wherever** you like.

어디든지 너가 좋아하는 곳에 앉아라.

┌ = Every time = Each time
② **Whenever** I visit my grandmother, she gives me home-baked cookies.

　= **No matter when** I visit my grandmother, she gives me home-baked cookies.

내가 나의 할머니를 뵈러 갈 때마다, 그녀는 내게 집에서 구운 쿠키를 주신다.

③ **Wherever** you go, your best opportunity lies in yourself.

　= **No matter where** you go, your best opportunity lies in yourself.

네가 어디를 가든지, 너의 최고의 기회는 항상 너의 안에 있다.

④ **However** old you are, there's always something to look forward to.

　= **No matter how** old you are, there's always something to look forward to.

네가 몇 살이든지, 항상 기대할만한 게 있다.

C.C(완전한 절) vs I.C(불완전한 절) 

UNIT 01 C.C vs I.C

1 BASIC Concept

[C.C] Complete Clause : 완전한 절
[I.C] Incomplete Clause : 불완전한 절

① 관계대명사 [who(m) / which / that / what]+I.C
② 관계부사 [when / where / why / how / that]+C.C
③ 복합관계대명사 [whoever / whichever / whatever]+I.C
④ 복합관계부사 [whenever / wherever / however]+C.C
⑤ 전치사＋관계대명사＋C.C
⑥ 명사절 that＋C.C
⑦ 동격절 that＋C.C
⑧ whose＋C.C

2 C.C와 I.C 구별하는 2가지 방법

우리말로 자연스러움 vs 우리말로 부자연스러움 ≠ C.C vs I.C
(우리말로 자연스러우면 C.C이고, 우리말로 부자연스러우면 I.C인 것은 아니다.)

    I went.   − 우리말로 부자연스러움 ⇒ C.C
    나는 갔다.

    I went to there.   − 우리말로 자연스러움 ⇒ C.C
    나는 거기에 갔다.

CHAPTER **14**

01 관계사 뒤 V−ⓝ

① − N+[관계사 or that]+$\underline{V}$ − → **불완전한 절**
                   └ S가 없으므로 ┘

② − N+[관계사 or that]+$\underline{S+V}$

                   C.C vs I.C

	C.C			I.C		
V_1	S	V_1				
V_2	S	V_2	Ⓢ.Ⓒ	S	V_2	S̶.̶C̶
V_3	S	V_3	Ⓞ	S	V_3	O̶
V_4	S	V_4	Ⓐ (I.O) Ⓑ (D.O)	S	V_4	Ⓐ(I.O) B̶(D.O) / A̶(I.O) Ⓑ(D.O)
V_5	S	V_5	Ⓐ (O) Ⓑ (O.C)	S	V_5	Ⓐ(O) B̶(O.C) / A̶(O) Ⓑ(O.C)

Quiz 다음 문장에서 맞는 것을 고르세요.

1. That was the reason [why / which] prevented them from coming with me.
그것이 그들이 나와 함께 오는 것을 막는 이유였다.

2. This is the house [which / where] I used to live when I was young. * V의 맨 마지막 부분
이것이 내가 어렸을 때 살았던 집이다.

3. Photography allowed people to see places [where / which] they would not otherwise have been able to see.
사진술은 사람들로 하여금 그들이 그렇지 않았다면(사진술이 없었다면) 보지 못했을 장소를 볼 수 있도록 허락한다.

4. In most countries [which / where] there are mountains, people enjoy the unique appeal of skiing.
산이 있는 대부분의 나라에서 사람들은 스키 타기 특유의 매력을 즐긴다.

5. This is the seat [which / where] I offered his grandmother.
이것은 내가 그의 할머니에게 제공한 좌석이다.

6. The moment [which / when] you found crucial was also my critical time.
네가 중요하다고 생각한 그 순간은 또한 나의 중요한 시간이었다.

정답 1. which   2. where   3. which   4. where   5. which   6. which

02 '앞 선행사(N)' 관계사절 뒤로 빼기

① − N+[관계사 or that]+S+V −
        * S+V −+N → C.C

     ▷ S+V −   → I.C
     ▷ S+V −   → **불완전한 절**

② − N+[관계사 or that]+S+V −
        * S+V −+N → N 불필요

     ▷ S+V −   → C.C
     ▷ S+V −   → **완전한 절**

Quiz 다음 문장에서 맞는 것을 고르세요.

1. The Rosetta Stone is a large stone [which / on which] there are three written messages.
   로제타석은 3개의 메시지가 적혀 있는 거대한 돌이다.

2. This is the house [which / where] I built 2 years ago.
   이것은 내가 2년 전에 지은 집이다.

정답 1. on which   2. which

1. **[That / What / Which]** he refused our proposal was a big surprise to us.
그가 우리의 제안을 거절한 것은 우리에게 커다란 놀라움이었다.

2. Man is the only creature **[what / that]** consumes without producing.
인간은 생산하지 않고 소비하는 유일한 생명체이다.

3. They have thick tails that grow thicker after meals because that's **[what / where]** they store fat.
그들은 식후에 더 두꺼워지는 두꺼운 꼬리를 가지고 있는데, 이는 그곳이 그들이 지방을 저장하는 곳이기 때문이다.

4. On August 27, **[which / when]** Mars was closer to Earth than ever, the one-way travel time of light was just 3 minutes and 6 seconds.
화성이 지구와 그 어느 때보다 더욱 가까워지는, 8월 27일에, 빛의 편도 이동 시간은 겨우 3분 6초 정도이다.

5. Gila monsters also sometimes eat carrion, **[which / that]** is an animal that is already dead.
독이 있는 큰 도마뱀들은 또한 때때로 썩은 고기를 먹는데, 그런데 그것은 이미 죽은 동물이다.

6. Hope, **[which / that]** seems like the thinnest little thread, is an incredibly powerful force.
희망, 그것은 가장 얇은 작은 바늘처럼 보이는데, 이는 믿을 수 없을 정도로 강력한 힘이다.

7. A zoologist is the scientist **[who / whose]** studies animals and their behaviors.
동물학자는 동물들과 동물들의 행동을 연구하는 과학자이다.

8. The company has five employees, all of **[them / whom]** are computer experts.
회사에는 5명의 직원들이 있는데, 그리고 그들 모두는 컴퓨터 전문가들이다. * 대명사 vs 관계대명사

9. Go to a quiet place **[which / where]** you are not likely to be disturbed.
네가 방해받을 것 같지 않은 조용한 장소로 가라.   * 관계사 − 뒷문장 → V 3의 수동태

10. **[However / Whatever]** hard you try, you can't persuade her.
아무리 네가 열심히 시도한다 할지라도, 너는 그녀를 설득할 수 없다.

11. I'll probably like **[whomever / wherever]** you meet.
나는 아마 네가 만나는 사람이라면 누구든지 좋아할 것이다.

12. They will help **[whoever / whenever / wherever]** need financial help.
그들은 재정적인 도움이 필요한 사람이라면 누구든지 도울 것이다.

13. Don't put off till tomorrow **[which / what]** you can do today.
네가 오늘 할 수 있는 것을 내일까지 미루지 말아라.

14. I can't deny the fact **[which / that]** I love Tom's girlfriend, Jane.
나는 내가 Tom의 여자친구인, Jane을 사랑한다는 사실을 부정할 수 없다.

15. There is no good reason **[which / that]** we should fear the future.
우리가 미래를 두려워해야만 하는 합당한 이유가 없다.

16. **[How / However]** bright you are, you may not be able to solve this problem.
너가 아무리 똑똑하다 할지라도, 너는 이 문제를 풀 수 없을지도 모른다.

17. I don't know **[how / however]** the machine works.
나는 그 기계가 작동하는 방법을 모른다.

CHAPTER **14**

정답							
1. That	2. that	3. where	4. when	5. which	6. which	7. who	8. whom
9. where	10. However	11. whomever	12. whoever	13. what	14. that	15. that	16. However 17. how

UNIT 01 형용사 basics

1 형용사의 역할(용법)

01 제한(한정) 용법 '명사 수식'

① The **beautiful** girl in my room is my sister.
내 방에 있는 그 아름다운 소녀는 내 여동생이다.

② I want something **cold** to drink.
나는 마실 차가운 무언가를 원한다.

02 서술 용법 '보어 역할'

① He feels **sad** now.
그는 지금 슬픈 느낌이 든다.

② We found the car **expensive**.
우리는 그 차가 비싸다고 생각했다

03 not 제한 용법 but 서술 용법 – 형용사

# a로 시작							
alive	살아있는	alike	똑같은	asleep	잠든	afraid	두려워하는
awake	깨어있는	aware	알고 있는	alone	혼자	ashamed	부끄러워하는

① The fish in this pool was **alive**.
The fish in this pool was live. (×)
이 웅덩이에 있는 물고기가 살아있었다.

② Those twins are very much **alike**.
그 쌍둥이들은 아주 많이 닮았다.

2 형용사의 모양

01 비슷한 모양의 형용사

1	literary literal literate	문학의 글자(문자) 그대로의 읽고 쓸 줄 아는, 교양이 있는	7	economic economical	경제의 경제적인, 검소한
2	respectable respectful respective	존경할만한 공손한, 예의바른 각각의, 개별적인	8	historic historical	역사적으로 중요한 역사의, 역사와 관련된
3	imaginable imaginary imaginative	상상할 수 있는 상상의, 가상의 상상력이 풍부한	9	considerable considerate	상당한, 많은 사려깊은, 신중한
4	industrial industrious	산업의 근면한, 부지런한	10	regrettable regretful	유감스러운 후회하는
5	sensible sensitive sensational sensual	지각 잇는, 분별력 있는 세심한, 예민한 선풍적인 육감적인	11	successful successive	성공적인 연속적인, 계승하는
6	intelligent intellectual intelligible	총명한, 똑똑한 지적인, 지능의 이해할 수 있는			

① Tolstoy is one of the most respected **literary** giants of Russia.
톨스토이는 가장 존경 받는 러시아 문학의 거장 중 한 명이다.

② The poet does not use words in the **literal** sense of them in his poem.
그 시인은 그의 시에서 단어들을 그 단어의 글자 그대로의 의미로 사용하지 않는다.

③ In this country, there are still many teenagers who are not **literate**.
이 나라에는 아직도 읽고 쓸 줄 모르는 청소년들이 많다.

④ He always tries to become a **respectable** leader.
그는 존경할 만한 리더가 되기 위해 항상 노력한다.

⑤ She is very **respectful** to elders.
그녀는 웃어른께 매우 공손하다.

⑥ There were the **respective** roles of men and women in society in the past.
과거에는 사회에서 남녀 각자의 역할이 있었다.

⑦ They stock every **imaginable** type of pizza.
그들은 상상할 수 있는 모든 종류의 피자를 갖춰 놓고 있다.

⑧ A unicorn is an **imaginary** creature.
유니콘은 상상의 동물이다.

⑨ J. K. Rowling is well-known as the most **imaginative** writer.
J. K. Rowling은 가장 상상력이 풍부한 작가로 잘 알려져 있다.

⑩ The disposal of **industrial** waste is a sticky issue.
산업 폐기물의 처리는 골치 아픈 문제다.

⑪ DY is very **industrious** in his business.
DY는 자신의 업무에 있어서 매우 부지런하다.

⑫ It is not very **sensible** to go out on your own so late at night.
그렇게 밤늦은 시각에 혼자 밖에 나가는 것은 썩 분별 있는 일이 아니다.

⑬ This soap is used for **sensitive** skin.
이 비누는 민감한 피부를 위해 사용된다.

⑭ Her new album has gained **sensational** popularity.
그녀의 새 앨범은 선풍적인 인기를 얻었다.

⑮ Human beings are born with desires for **sensual** pleasure.
인간은 관능적 쾌락에 대한 욕망을 갖고 태어난다.

⑯ The boy asked a lot of **intelligent** questions.
그 소년은 많은 똑똑한 질문들을 했다.

⑰ This program helps children's emotional and **intellectual** growth.
이 프로그램은 아동의 정서적, 지적 성장을 돕는다.

⑱ Her explanation is easily **intelligible** even to a child.
그녀의 설명은 어린아이라도 쉽게 이해할 수 있다.

⑲ This article deals with the **economic** and political issues of the period.
이 기사는 그 시대의 경제적, 정치적 쟁점들을 다루고 있다.

⑳ I want a nice car, but also **economical**.
나는 괜찮으면서도 경제적인 차를 원한다.

㉑ Gyeongju is a **historic** place in Korea.
경주는 한국에서 역사적으로 중요한 곳이다.

㉒ The drama is based on **historical** facts.
그 드라마는 역사적 사실에 기반한다.

㉓ We wasted a **considerable** amount of time and money in the project.
우리는 그 프로젝트에 많은 양의 시간과 돈을 허비했다.

㉔ DY is highly **considerate** towards his students.
DY는 그의 학생들을 매우 사려깊게 대한다.

㉕ It's very **regrettable** that many workers have been fired because of the strike.
파업 때문에 많은 근로자들이 해고된 것은 매우 유감스럽다.

㉖ It rained for five **successive** days last week.
지난주에는 5일 연속으로 비가 왔다.

02 한 단어(형용사＝부사) 모양

	단어	형용사	부사		단어	형용사	부사
1	early	이른	일찍	6	long	오랜	오래
2	fast	빠른	빠르게	7	far	먼	멀리
3	late	늦은	늦게	8	wide	넓은	널리
4	wrong	잘못된, 틀린	틀리게	9	deep	깊은	깊게
5	near	가까운	가까이	10	high	높은	높게

UNIT 02 주의해야 할 형용사

1 수량 형용사

01 수 형용사 + 셀 수 있는 명사

many	많은	a number of	많은	several	몇 개의		
few	거의 없는	a few	소수의, 조금	quite a few	많은	not a few	많은

① I made a reservation **a few** days ago.
나는 며칠 전에 예약했다.

② **A number of** visitors were waiting for you.
수많은 방문객들이 당신을 기다리고 있었다.

02 양 형용사 + 셀 수 없는 명사

much	많은	little	거의 없는	a little	소량의, 조금	quite a little	많은
not a little	많은	an amount of	다량의	a great deal of	다량의	a good deal of	다량의

① I spent **a little** time preparing the ceremony.
나는 식을 준비하는 데 약간의 시간을 보냈다.

② There is **an amount of** money in her bag.
그녀의 가방에는 많은 돈이 들어있다.

03 수량 공통 형용사 + 셀 수 없는 명사 / 셀 수 없는 명사

a lot of	많은	lots of	많은	plenty of	많은	all	모든
most	대부분의	any	어떤	some	약간의	no	어떤 ~도 아닌

2 합성 형용사

O – O – … – O + N
└ 복수 (×)

ex) He is eight-years-old boy. (×)
 He is eight-year-old boy. (○)
 그는 8살 남자아이다.

3 어순 후치수식 형용사

01 서술적 용법 형용사 (a로 시작)

N + 관계대명사 be V + alive / alike / asleep / afraid / awake / aware / alone
  └ 생략 가능

→ N + alive / alike / asleep / afraid / awake / aware / alone / ashamed

The boy **asleep** in my bed is my younger brother.

(← The boy who is asleep in my bed is my younger brother.)
내 침대에서 자고 있는 소년은 내 남동생이다.

02 –one / –body / –thing

[–one] everyone, someone, anyone, no one(none)
[–body] everybody, somebody, anybody, nobody
[–thing] everything, something, anything, nothing

Quiz 다음 문장에서 맞는 것을 고르세요.

1. We know very [few / little] about Shakespeare, because, in his days, historical stories were devoted to the lives of kings.

   우리는 셰익스피어에 대해서 거의 알지 못한다. 왜냐하면, 그의 시대에는 역사적인 이야기들은 왕들의 삶을 묘사하는 데 치중했기 때문이다.

2. He had [few / little] winter clothing when he arrived at the camp.

   그는 캠프에 도착했을 때 겨울 옷이 거의 없었다.

3. The [premature / prematurely] aged wife was coming to be the exception rather than the rule.

   너무 일찍 노화된 그 아내는 일반적인 경우라기보다는 예외적인 경우가 되어 가고 있다.

4. John took [careful / carefully] notes of all the presentations throughout the conference.

   John은 나중에 참고할 수 있게 회의 내내 모든 프레젠테이션을 자세히 기록했다.

5. You had [special something / something special] then.

   너는 그때 특별한 무엇인가를 가지고 있었다.

정답 1. little   2. little   3. prematurely   4. careful   5. something special

UNIT 01 | 부사 basics

1 부사의 역할(용법)

01 동사 수식

① She grabbed his hand **tightly**.
그녀는 그의 손을 꽉 잡았다.

02 형용사 수식

① That's **too** bad.
그거 참 안됐다.

03 부사 수식

① He has studied **really** hard.
그는 정말 열심히 공부해왔다.

04 문장 전체 수식

① **Fortunately**, I got the ticket.
운이 좋게도, 나는 그 티켓을 얻었다

2 부사의 어순

01 enough

형용사 / 부사 + <u>enough</u> → eunogh : 부사

cf). <u>enough</u> + **명사** / **명사** + <u>enough</u> → enough : 형용사

① This room is not <u>big</u> **enough** for me.
이 방은 나에게 충분히 크지 않다.

② He can speak Chinese <u>fluently</u> **enough** to live in China.
그는 충분히 중국에서 살 만큼 중국어를 유창하게 할 수 있다.

> `cf` She has **enough** <u>money</u> in her account.
> 그녀는 그녀의 계좌에 충분한 돈을 가지고 있다.
>
> She has <u>money</u> **enough** to buy the car.
> 그녀는 그 차를 살 만큼 충분한 돈을 가지고 있다.

02 동＋대＋부

타동사구(타동사 + 부사)와 목적어 자리에 대명사가 오는 경우, → [동사 + 대명사 + 부사] 의 순서

`cf` 타동사구(타동사 + 부사)와 목적어 자리에 명사가 오는 경우, → [동사 + 명사 + 부사] or [동사 + 부사 + 명사]

① **Turn it off** before you leave the room. (○)
Turn off it before you leave the room. (×)
방을 떠나기 전에 그것을 꺼라.

3 부정부사

hardly / scarcely / rarely / barely / never / little / seldom → 이중부정 금지

① She has **hardly** any sense of humor.
She does <u>not</u> have **hardly** any sense of humor. (×)
그녀는 유머감각이 거의 없다.

4 −ly

01 일반적으로 [형용사＋ly] → 형용사의 뜻을 가진 부사

beautiful (아름다운)	→	beautifully (아름답게)
wise (현명한)	→	wisely (현명하게)
calm (침착한)	→	calmly (침착하게)

good − well

02 형용사＋ly → 형용사와 다른 뜻을 가진 부사들

	형용사	부사		형용사	부사
1	near	nearly	6	deep	deeply
	가가운, 가까이	거의		깊은, 깊이	매우, 심하게
2	hard	hardly	7	larage	largely
	어려운, 딱딱한, 열심히	거의 ~않는		큰, 넓은	일반적으로
3	high	highly	8	bad	badly
	높은, 높게	매우, 아주		나쁜	몹시, 매우
4	late	lately	9	bare	barely
	늦은, 늦게	최근에		벌거벗은, 맨−	거의 −하지 않는, 간신히, 겨우
5	short	shortly	cf	daed 죽은 deadly (a) 치명적인 / (ad) 극도로	
	짧은, 짧게 부족한, 부족하게	곧, 즉시			

① To define Hinduism is **nearly** impossible.
힌두교를 정의하는 것은 거의 불가능하다.

② Weather is **largely** determined by the sun and the rotation of the earth.
날씨는 대체로 태양과 지구의 자전으로 결정된다.

③ Two scientists have discovered a new planet **lately**.
최근에 두 명의 과학자가 행성을 발견했다.

④ The moon was **hardly** visible through the clouds.
구름 사이로 달이 거의 보이지 않았다.

⑤ The military training school produced **highly** disciplined soldiers.
군사 훈련 학교는 고도로 훈련된 군인을 만들어낸다.

⑥ Civil defense drill will begin **shortly**.
곧 민방위 훈련이 시작될 것이다.

03 명사＋ly → 형용사

	명사	형용사		명사	형용사
1	friend + ly	friendly 친한, 다정한	7	year + ly	yearly 연간의
2	love + ly	lovely 사랑스러운	8	month + ly	monthly 매달의
3	man + ly	manly 남자다운	9	week + ly	weekly 매주의
4	cost + ly	costly (값) 비싼	10	day + ly	daily 매일의
5	order + ly	orderly 질서정연한, 규칙적인	11	mother + ly	motherly 어머니의, 어머니 같은
6	time + ly	timely 시기적절한	12	leisure + ly	leisurely 한가로운, 여유로운
cf	**lovely** (a) 사랑스러운 / (ad) 사랑스럽게 **friendly** (a) 친한, 다정한 / (ad) 친하게, 다정하게				

CHAPTER 16

5 비교해야 할 부사

01 most vs almost

① most ─┬─ 대명사 : '대부분' / most of the 명사
       ├─ 형용사 : '대부분의' / most 명사
       └─ 부사 : '가장, 매우'
② almost ─ 부사 : '거의'

① **Most** of the magazines are sold in this bookstore.
그 잡지들 대부분은 이 서점에서 팔린다.

→ **Most** magazines are sold in this bookstore.
대부분의 잡지들은 이 서점에서 팔린다.

② What did you enjoy **most**?
당신은 뭐가 가장 즐거웠어요?

③ She was **almost** exhausted.
그녀는 거의 지쳤다.

02 too vs either

① **too** : 긍정문, too
② **either** : 부정문, either

① He ate some bread, and I ate some, **too**.
그는 약간의 빵을 먹었고, 나는 또한 약간의 빵을 먹었다.

② He is not a loser. I am not, **either**.
그는 패배자가 아니고, 나도 또한 패배자가 아니다.

Quiz 다음 문장에서 맞는 것을 고르세요.

1. He is [brave enough / enough brave] to take this adventure course.
이 모험적인 수업을 들을 정도로 충분히 그는 용감하다.

2. I can [not scarcely / scarcely] believe the fact.
나는 그 사실을 믿을 수가 없었다.

3. The meeting was important. But he [put off it / put it off].
그 회의는 중요했다. 그러나 그는 그것을 연기했다.

4. The player jumped [high / highly].
그 선수는 높게 점프했다.

정답 1. brave enough   2. scarcely   3. put it off   4. high

1. In zoos, animals get lonely and bored. Because of these stressful conditions, animals sometimes act **[strange / strangely]** .
동물원에서, 동물들은 외롭고 지루해진다. 이러한 스트레스 받는 상황들 때문에, 동물들은 때때로 낯설게 행동한다.

2. An airline pilot had bumped his airplane into the runw ay really **[hard / hardly]** while he made a landing.
비행기 조종사 한 명이 그가 착륙을 시도하는 동안 그의 비행기를 활주로에 매우 세게 부딪혔다.

3. The fishing industry has become **[high / highly]** efficient, using huge nets and long fishing lines to catch the fish.
어업은 물고기를 잡기 위해 거대한 어망과 긴 낚싯줄을 사용함으로써 매우 효율적이 되어왔다.

4. People may take each other for granted and not make enough effort at communicating **[proper / properly]** . Keeping a **[proper / properly]** sense of distance between people is important.
사람들은 서로를 당연히 여겨 적절하게 의사소통하기 위해 충분한 노력을 기울이지 않을지도 모른다. 사람들 사이에 적당한 거리감을 유지하는 것은 중요하다.

5. A global solution would need to include ways to prevent **[illegal / illegally]** immigration, punish those who immigrate **[illegal / illegally]** , and return **[illegal / illegally]** immigrants to their home countries.
전반적인 해결책은 불법 이민을 예방하고, 불법적으로 이주하는 사람들을 처벌하고, 불법 이민자들을 그들의 본국으로 귀환시키는 방법들을 포함할 필요가 있다.

6. If fashions constantly change, people will always want and buy new clothes. As a result, the fashion business will remain **[successful / successfully]** .
만약 패션이 끊임없이 변한다면, 사람들은 항상 새로운 옷을 원하고 살 것이다. 결과적으로, 패션 산업은 계속 성공적일 것이다.

7. People with tattoos also sent the message that they were tough and strong. Many athletes adopted this identity; they wanted to look **[tough and strong / toughly and strongly]** .
타투를 한 사람들은 또한 그들이 터프하고 강하다는 메시지를 보낸다. 많은 운동선수들은 이러한 정체성을 채택했다; 그들은 터프하고 강하게 보이기를 원했다.

8. You can make the trip more **[enjoyable / enjoyably]** by taking a few simple steps to reduce the possibility that your home will be broken into while you are gone.

당신은 당신이 떠나 있는 동안 당신의 집에 도둑이 들 수 있는 가능성을 줄이기 위한 몇 개의 간단한 절차를 거침으로써 더욱 즐길 만한 여행을 만들 수 있다.

[How + 형 vs 부 + S + V]

9. How **[beautiful / beautifully]** she is!

그녀는 얼마나 아름다운지!

10. How **[rapid / rapidly]** he runs!

그는 아주 빠르게 달린다!

[However + 형 vs 부 + S + V]

11. However **[swift / swiftly]** you will go there, you will not catch the train.

네가 아무리 재빠르게 그곳에 갈지라도, 너는 그 기차를 잡을 수 없을 것이다.

12. A lot of normal, intelligent people wanted to see nuclear weapons used; they wanted to see how **[destructive / destructively]** the use of new invention could be.

많은 보통의, 지적인 사람들은 핵무기가 사용되는 것을 보기를 원한다; 그들은 새로운 발명의 사용이 얼마나 파괴적일 수 있는지를 보기를 원한다.

[The + 비교급 (more / less + 형 vs 부) + S + V]

13. The lower the frequency, however, the less **[clear / clearly]** the image will become.

그러나 주파수가 낮을수록 그 이미지는 덜 분명해질 것이다.

14. The more **[expense / expensively]** a film is produced, the more money it is likely to make.

영화 한 편이 더 비싸게 생산되면 될수록, 더 많은 돈이 벌릴 것이다.

[as + 형 vs 부 + as]

15. Animals act as **[smart / smartly]** as men.

동물들은 인간만큼 똑똑하게 행동한다.

16. To break glasses seemed as **[easy / easily]** as to drink water.

안경을 깨는 것은 물을 마시는 것만큼 쉬워 보인다.

17. Knowing your weaknesses is as **[necessary / necessarily]** as knowing your strengths.

당신의 약점을 아는 것은 당신의 강점을 아는 것 만큼이나 필수적이다.

18. Losing something makes you twice as **[miserable / miserably]** as gaining the same thing makes you happy.

어떤 것을 잃는 것은 그 똑같은 것을 얻는 것이 너를 행복하게 만드는 것보다 너를 두 배나 더 비참하게 만든다.

[(As) + 형 vs 부 + as / though + S + V]

19. **[Strange / Strangely]** as it may sound, there is a hotel located underwater.

낯설게 들릴지도 모르겠지만, 해저에 위치한 호텔이 있다.

20. **[Swift / Swiftly]** as you go there, you'll miss the train.

네가 그곳을 빨리 갈지라도, 너는 기차를 놓칠 것이다.

CHAPTER 16

정답

1. strangely	2. hard	3. highly	4. properly / proper	5. illegal / illegally / illegal
6. successful	7. tough and strong	8. enjoyable	9. beautiful	10. rapidly
11. swiftly	12. destructive	13. clear	14. expensively	15. smartly
16. easy	17. necessary	18. miserable	19. Strange	20. Swiftly

UNIT 01 원급 비교

1 모양 + 해석 + Grammar

01 A + [as + 형용사/부사 원급 + as] + B

[해석 1] A는 B만큼 …
[해석 2] A는 … B만큼
[Grammar 1] as + [형용사 vs 부사] + as
[Grammar 2] as + [형용사 + a(n) + 명사] + as
[Grammar 3] 비교의 대상 − **병렬**
[Grammar 4] **원급 모양** + **비교급 모양** (×)

\# 해석 2

② B만큼
A + [as + 형/부 + as] + B
①

① She is **as** beautiful **as** my ex−girlfriend.
그녀는 내 전 여자친구만큼이나 아름답다.

② We are **as** [<u>dependent</u> / dependently] on water to drink **as** we are on air to breathe.
우리는 숨을 쉬기 위해서 우리가 공기에 의존하는 것만큼이나 마시는 물에 의존적이다.

③ His novels have **as** good a chance of surviving **as** my poems.
그의 소설은 나의 시들만큼이나 좋은 생존의 기회를 갖고 있다.

02 A + not + [as(so) + 형용사/부사 원급 + as] + B

[해석 1] A는 B만큼 … 아닌
[해석 2] A는 … 아닌 B만큼

\# 해석 2

② B만큼
A + not + [as(so) + 형/부 + as] + B
①

① She is not **as** beautiful **as** my ex−girlfriend.
She is not **so** beautiful **as** my ex−girlfriend.
그녀는 나의 전 여자친구만큼 아름답지 않다.

② My job is not **so** crucial **as** my identity.
나의 직업은 나의 정체성만큼은 중요하지 않다.

2 원급 비교 표현

01 not so much A as B＝not A so much as B : A라기보다는 B

① Happiness depends **not so much** on surroundings **as** on one's way of looking at one's destiny.

＝Happiness depends **not** on surroundings **so much as** on one's way of looking at one's destiny.

행복은 환경이라기보다는 자신의 운명을 바라보는 방법에 달려있다.

02 as ⋯ as possible＝as ⋯ as S can : 가능한 한 ⋯ 한/하게

① He ran **as** fast **as** <u>possible</u>.

He ran **as** fast **as** <u>he can</u>.

그는 가능한 한 빠르게 달렸다.

03 not so much as : ～조차도 아닌

① She can **not so much as** walk to the door.

그녀는 문쪽으로 걸어갈 수조차 없었다.

04 as ⋯ as any : 누구 못지않게 ～한

① He is **as** industrious **as any**.

그는 누구 못지않게 근면하다.

UNIT 02 비교급 비교

1 모양 + 해석 + Grammar

01 A + [형용사/부사 비교급] + than + B

형용사/부사 비교급 – 1~2음절 : –er / 3음절 이상 : more –
[해석] A는 B보다 더 …한 / 하게
[Grammar 1] [비교의 대상 – 병렬] + [비교의 대상 (대명사) – that / those]
[Grammar 2] 원급 모양 + 비교급 모양 (×)
* more + er로 끝나는 단어 (○)

① A blow with a word strikes dee**per than** a blow with a sword.　　　[Robert Burton]
말로 때리는 것이 칼로 내려치는 것보다 훨씬 더 강하다.

② She is **more** beautiful **than** my ex–girlfriend.
그녀는 내 전 여자친구보다 더 아름답다.

③ The grain of rye is **more** slender **than** that of rice. (○)
호밀 알갱이는 쌀 알갱이보다 더 날씬하다.

Quiz 다음 문장에서 틀린 곳을 찾아 고치세요.

1. The population of Japan is larger than Korea.
일본의 인구는 한국의 인구보다 더 크다.

2. Sometimes doing a lot is more important than to take time to do things carefully.
때때로 많은 것을 하는 것은 어떤 것을 신중하게 하기 위해 시간을 들이는 것보다 더 중요하다.

3. She earned more money as my ex–girlfriend last year.
그녀는 작년 나의 전 여자친구보다 돈을 더 벌었다.
cf more
　　1. more 형/부
　　2. many, much 의 비교급
　　3. 대명사

정답 1. Korea → that of Korea　　2. to take → taking (doing → to do)　　3. as → than

02 A + less + [형용사/부사] + than + B

[해석] A는 B보다 덜 …한/하게

cf less
1. less 형/부
2. little의 비교급
3. 대명사

① She is **less** beautiful **than** my ex-girlfriend.
그녀는 내 전 여자친구보다 덜 아름답다.

② Several excuses are always **less** convincing **than** one. [Aldous Huxley]
여러 개의 변명은 항상 한 개의 변명보다 덜 설득력이 있다.

③ He has **less** time **than** I.
그는 나보다 더 적은 시간을 가지고 있다.

2 비교급 구문

01 비교급 강조

A + **비교급 강조** + 비교급 + than + B
└ much, even, still, far, by far, a lot cf) very (×)

[해석] '훨씬 더'

① My book is **even** more expensive than yours.
My book is <u>very</u> more expensive than yours. (×)
나의 책은 너의 것보다 훨씬 더 비싸다.

② Beauty is a **far** greater recommendation than any letter of introduction. [Aristotle]
Beauty is a <u>very</u> greater recommendation than any letter of introduction. (×) [Aristotle]
아름다움은 그 어떤 다른 소개장보다도 훨씬 큰 장점이다.

02 라틴어 비교급

A + **−or** + to + B
   └ superior 더 우수한   inferior 더 열등한   senior 더 나이든 (손 위의)
   junior 더 어린 (손아래의) exterior 더 외부의   interior 더 내부의
   anterior 더 앞쪽의   posterior 더 뒤쪽의   major 더 큰, 더 주요한
   minor 더 작은, 더 사소한

[Grammar 1] −보다: than (×) <u>to</u> (○)
        └ 전치사 to
[Grammar 2] more + −or (×)

prefer A to B
[해석] − B보다 A를 선호하다

<u>prefer</u> (동)명사 to (동)명사
 =<u>prefer</u> <u>(동)명사</u> rather than <u>(동)명사</u>＝prefer to V than to V
    to V   to V

① He is **senior to** me by three years.
 ＝He is three years <u>older than</u> I.
 그는 나보다 3살이 더 많다.

② Her car is **more superior to** mine. (×)
 Her car is **superior to** mine.
 그녀의 차는 나의 차보다 더 우수하다.

③ Work **is preferable to** idleness.
 일하는 것이 게으른 것보다 더 좋다.

④ My mother **preferred** chatting **to** watching television.
 ＝My mother <u>preferred</u> to chat <u>rather than</u> watch television.
 우리 엄마는 텔레비전을 보는 것보다 수다 떠는 것을 선호한다.

03 The + 비교급 + (S + V), the + 비교급 + (S' + V')

[해석] −하면 할수록, 더 −하다
[Grammar 1] the + 원급 (×) / the + 최상급 (×)
[Grammar 2] the + more 형 vs 부 / the + less 형 vs 부

① **The fatter** she gets, **the more** she eats.
The <u>fat</u> she gets, the more she eats. (×)
The <u>fattest</u> she gets, the more she eats. (×)
그녀가 뚱뚱해지면 뚱뚱해질수록, 그녀는 더 많이 먹는다.

② **The more** we understand what is happening in the world, **the more frustrated** we often become, for our knowledge leads to feelings of powerlessness.
우리가 세계에서 일어나고 있는 것을 더 많이 이해하면 이해할수록, 우리의 지식이 무기력함으로 이어지기 때문에, 우리는 자주 더 좌절하게 된다.

3 비교급 관용 구문

01

① **no more than**=only
 = few, little, nothing   [해석] 단지 −(만)

② **no less than**=as many / much as   [해석] − 만큼이나

③ **not more than**=at most   [해석] 기껏해야 −

④ **not less than**=at least   [해석] 적어도 −

① My office is **no more than** ten minutes' walk from my house.
나의 사무실은 우리 집에서부터 단지 10분정도만 걸으면 된다.

② Because I love reading comic books, I have **no less than** about 1000 comic books.
내가 만화책을 읽는 것을 좋아하기 때문에, 나는 약 1000권 만큼의 만화책을 가지고 있다.

③ There were **not more than** 5 people at the meeting.
그 미팅에는 기껏해야 5명의 사람들만 있었다.

④ The candidates for president of this country must collect **not less than** 100,000 signatures for registration.
이 나라의 대통령 후보들은 등록을 위해 적어도 100,000개의 서명을 모아야만 한다.

02 A no more B than C D＝A not B any more than C D

A － B 관계 부정 / C － D 관계 부정 → [해석] C가 D가 아닌 것처럼, A도 B가 아니다
[Grammar 1] 이중부정 금지

① A whale is **no more** a fish **than** a horse is (a fish).
＝A whale is **not** a fish **any more than** a horse is.
　A whale is **no more** a fish **than** a horse is **not** a fish. (×)
　말이 어류가 아닌 것처럼 고래도 어류가 아니다.

② Science is built of facts as a house is built of woods and bricks; but an accumulation of facts is **no more** science **than** a pile of woods and bricks is a house.
과학은 집이 나무와 벽돌로 지어진 것처럼 사실로 형성되어 있다. 그러나 나무(목재)와 벽돌 더미가 집이 아닌 것처럼, 사실의 축적도 과학이 아니다.

03 no ＋ 비교급 ＋ than

＝as ＋ 반대 원급 ＋ as
[해석] ~만큼 '반대원급'한/하게

① DY is **no** taller **than** Tom.
＝DY is **as** short **as** Tom.
DY는 Tom만큼이나 작다.

　　cf DY is not taller than Tom.
　　　DY는 Tom보다 크지 않다.

② You are **no** better at remembering things **than** I am.
너는 무언가를 기억하는 데 있어서 나만큼이나 못한다.

04 비교급 and 비교급 [점점 더 …한/하게]

① The price of buying a new smart-phone is getting **higher and higher**.
새로운 스마트 폰을 구매하는 것의 가격은 점점 더 높아지고 있는 중이다.

05 much(still) more / much(still) less

긍정문 + much(still) more   [해석] −은 말할 것도 없이

부정문 + much(still) less   [해석] −은 말할 것도 없이

① I can not stand the sight of bugs, worms, and so on, **much less** touch them.
나는 그것들을 만지는 것은 말할 것도 없이, 벌레, 지렁이 등등을 보는 것을 참을 수 없다.

② Everyone has a right to enjoy his freedom, **much more** his life.
모든 이들은 삶은 말할 것도 없이 자유를 누릴 권리를 가지고 있다.

06 ～보다 n배…

n times as … as −   cf) 2배 − twice, double
                                         분수표현

n times 비교급 than −

① Many new bicycle paths were made, and today there are **twice as** many bicycles **as** cars in the city.
많은 새로운 자전거 도로가 만들어졌고, 그리고 오늘날 도시에는 자동차보다 2배 많은 자전거가 있다.

② A space shuttle could help us in many ways in the future. It could help make a giant telescope. We could then see **seven times further** into space **than** now.
우주 왕복선은 미래에 우리를 많은 면에서 도와줄 수 있을 것이다. 그것은 거대한 망원경을 만드는 것을 도울 수 있다. 그럼 우리는 현재보다 7배는 더 깊이 있게 우주를 들여다 볼 수 있다.

UNIT 03 최상급 비교

1 모양 + 해석 + Grammar

A + (the) + [형용사 / 부사 최상급] + in (보통 단수 N)
  └ 1~2음절: the ~ (e)st   of (any 단수 N / all 복수 N) ⟩ $_3C_1$
    3음절 이상: the most ~   that + 완료 V

[해석] 가장 ~ 한 / 하게

① Diamond is **the most** precious **of all jewels**.
다이아몬드는 모든 보석들 중 가장 귀중한 것이다.

② He is **the most** handsome boy **in my class**.
그는 우리 반에서 가장 잘생긴 소년이다.

③ This is **the finest** music **that I have ever heard**.
이것은 내가 들은 것 중에 가장 질 높은 음악이다.

2 최상급 구문

01 모양: 최상급 (✕) / 의미: 최상급 (○)

① 부정어 + as / so ... as A
② 부정어 + 비교급 + than A
③ A + 비교급 + than + any other 단수 N
                    all the other 복수 N

① The Everest is **the highest** mountain in the world.
  = <u>No</u> mountain is <u>as</u> high <u>as</u> the Everest in the world.
  = <u>No</u> mountain is <u>higher than</u> the Everest in the world.
  = The Everest is <u>higher than any other mountain</u> in the world.
  = The Everest is <u>higher than all the other mountains</u> in the world.
에베레스트는 세계에서 가장 높은 산이다.

02 최상급 강조

A + **<u>최상급 강조</u>** + 최상급
   └ by far, far, much the, the very

[해석] 단연코 …한/하게

① This book is **much the** best.
＝This is **the very** best book.
이 책은 단연코 최고이다.

3 관용적 표현

01 make the most of ∼ : ∼을 최대한으로 활용하다
① You have to **make the most of** your given time.
당신은 당신에게 주어진 시간을 최대한으로 활용해야 한다.

02 at last : 마침내
① **At last**, our team won the game.
마침내, 우리 팀이 게임에서 이겼다.

03 at (the) most / at (the) best : 기껏해야
① **At most** she might have 10,000 won in her pocket.
기껏해야 그녀는 호주머니에 만원이 있었을지도 모른다.

04 at (the) least : 적어도
① **At least** she have to spend 10,000 won for our party.
적어도 그녀는 우리의 파티를 위해서 만원을 소비해야만 한다.

05 not in the least : 조금도 ∼ 않다
① I did **not in the least** doubt her words.
나는 조금도 그녀의 말을 의심하지 않는다.

UNIT 01 명사의 종류

1 가산명사(countable noun) vs 불가산명사(uncountable noun)

01 가산명사(countable noun)

\# 단수형 / 복수형이 존재 → [단수] a(n) + N

[복수] N(e)s

\# 수형용사 + N
└ many / few / a few

① **보통명사** : 일정한 모양이나 한계가 있는 것(사람, 사물, 동물, 장소)에 붙여진 명사
└ computer, tree, woman, cup, lecture, flower, dog, room

I have many **computers** in my **room**.

나는 내 방에 컴퓨터를 많이 가지고 있다.

② **집합명사** : 사람이나 사물의 집합체를 가리키는 명사
└ family, jury, committee, crowd, army, staff, team, class

The **jury** found his guilty in the court.

배심원들은 그가 그 법정에서 유죄라는 판결을 내렸다.

02 불가산명사(uncountable noun)

[단수] a(n) + N (×)
　[복수] N(e)s (×)

양형용사 + N
　└ much / little / a little

① **추상명사** : 직접 보거나 만질 수 없는 관념상에 존재하는 명사
　└ honesty, passion, love, happiness, anger, beauty

Honesty is the best **policy.**

정직함이 최상의 방책이다.

② **고유명사** : 사람의 이름, 지명, 요일, 월, 나라 등 세상에 특정한 것에 붙여진 명사
　└ DY, Paris, Monday, Korea, Mars

Korea lies between **China** and **Japan.**

한국은 중국과 일본 사이에 있다.

③ **물질명사** : 일정한 모양이 없는 물질에 붙이는 명사
　└ sugar, water, sound, grass, air

Please, buy some **sugar** at the grocery store.

식료품점에서 설탕 좀 사다 줘.

2 N – 뜻 ≠ N(e)s – 뜻 (복수형이 되면 뜻이 달라지는 명사들)

N(단수)		N(e)s		N(단수)		N(e)s	
manner	방법	manners	품행, 예의	arm	팔	arms	무기
cloth	천, 직물	clothes	옷	custom	관습	customs	세관
glass	유리	glasses	안경	good	선, 이익	goods	상품
mean	평균	means	수단, 방법	pain	고통	pains	노력, 수고
regard	관점, 관심	regards	안부	sand	모래	sands	사막
				water	물	waters	수로, 바다

① The man suddenly raised his left **arm**.
그 남자는 갑자기 그의 왼팔을 들었다.

② Lay down your **arms**, or I will fire an arrow at you.
무기 내려 놓아라, 그렇지 않으면 나는 네게 화살을 쏠 것이다.

③ I don't like this kind of **cloth**.
나는 이 종류의 천을 좋아하지 않는다.

④ I bought some new **clothes** for the entrance ceremony.
나는 입학식을 위해서 새 옷을 샀다.

3 무조건 불가산 명사(uncountable noun)

furniture	가구	advice	충고	baggage, luggage	수하물
clothing	옷, 의복	equipment	장비	evidence	증거
health	건강	homework	숙제	information	정보
jewelry	보석류	knowledge	지식	luck	운
machinery	기계류	merchandise	상품	money	돈
news	소식	pottery	도자기류	scenery	경치
traffic	교통	weather	날씨		

→ 이 명사들은 a(n) + N (×) / N(e)s (×) / 수 형용사 + N (×)

① I still have much **homework** to do right now.

I still have many <u>homeworks</u> to do right now. (×)

나는 여전히 지금 당장 해야 할 숙제가 많이 있다.

② I have good **news**.

I have a good <u>news</u>. (×)

나는 좋은 소식이 있다.

③ **Information** about almost any kind of factual knowledge in the world can be obtained on the Internet within seconds.

<u>Informations</u> about almost any kind of factual knowledge in the world can be obtained on the Internet within seconds. (×)

세계의 거의 모든 종류의 사실적인 지식에 대한 정보들은 인터넷에서 몇 초만에 얻어질 수 있다.

4 항상 복수 취급 명사

cattle 소(떼) **poultry** 가금류

① Cattle **are** standing beside the river.

Cattle <u>is</u> standing beside the river. (×)

소들이 강 옆에 서 있다.

5 the + N → 복수 취급

| the police | 경찰 | the clergy | 성직자들 | the gentry | 상류층 |
| the nobility | 귀족 | the peasantry | 소작농 | | |

① The police <u>are</u> searching the house for the criminal.

The police <u>is</u> searching the house for the criminal. (×)

경찰은 범인을 찾으려고 그 집을 수색하는 중이다.

6 지칭 대상에 따라 단수 or 복수

family	가족	army	군대	audience	관객	committee	위원회
class	학급	crew	승무원	crowd	군중	jury	배심원
staff	직원	team	팀				

\# 지칭 대상 ┌ 집합체 → 단수 취급
         └ 구성원/구성요소 → 복수 취급

① Our **family** <u>is</u> big.

우리 가족은 대가족이다.

② Our **family** <u>are</u> always ready to support me.

우리 가족들은 항상 나를 지지해 줄 준비가 되어있다.

---

cf 다수의 집합체

There are a lot of <u>committees</u> in our organization.

우리 조직에는 많은 위원회가 있다.

---

cf people – 사람들 → 복수 / people – 민족 → 단수 (peoples 민족들)

① <u>Many</u> people were killed in the crash.

많은 사람들이 그 충돌(사고)로 죽었다.

② Koreans are <u>an</u> industrious people.

한국인들은 근면한 민족이다.

③ Some <u>peoples</u> in Africa were warlike.

아프리카에 있는 일부의 민족들은 호전적이었다.

7 Ns(복수모양의 명사)이지만 단수 취급

01 학문

| economics | 경제학 | ethics | 윤리학 | linguistics | 언어학 |
| mathematics | 수학 | politics | 정치학 | statistics | 통계학 |

02 나라

| The United States | 미국 | The Philippines | 필리핀 |

03 질병

| diabetes | 당뇨병 | measles | 홍역 | rabies | 광견병 |

① **Statistics** <u>is</u> difficult to study.
통계학은 공부하기 어렵다.

② When it comes to history, **the United States** <u>is</u> a young country.
역사에 관한 한, 미국은 신생 국가이다.

③ **Diabetes** <u>is</u> a major concern of my father.
당뇨병은 내 아버지의 주요 관심사(걱정거리)이다.

---

cf statistics − 통계자료, 통계수치 → 복수
<u>These</u> statistics <u>show</u> rising unemployment rates.
이 통계치들은 증가하는 실업률을 보여준다.

CHAPTER 18

8 특이한 복수형 명사 [복수형 명사 – N(e)s (✕)]

N(단수)	N(e)s	뜻	N(단수)	N(e)s	뜻
–um	–a		–sis	–ses	
datum	data	자료 cf) data : 단수, 복수	analysis	analyses	분석
curriculum	curricula	교과과정	basis	bases	기초
bacterium	bacteria	박테리아	crisis	crises	위기
–on	–a		hypothesis	hypotheses	가설
criterion	criteria	기준	synthesis	syntheses	합성
phenomenon	phenomona	현상	thesis	theses	논문
–us	–i				
focus	foci	초점, 집중			
fungus	fungi	균, 곰팡이류			
nucleus	nuclei	(세포, 원자) 핵			
stimulus	stimuli	자극			
cactus	cacti	선인장			

① These bacteria seem to increase at alarming rate.
These bacteria seems to increase at alarming rate. (✕)
이 박테리아는 급속도로 증가하는 것처럼 보인다.

cf

단수	복수	뜻	단수	복수	뜻
mouse	mice	쥐	child	children	아이
louse	lice	이	ox	oxen	황소
foot	feet	발	appendix	appendices	부록, 맹장
goose	geese	거위	index	indices	색인, 지표
man	men	남자	woman	women	여자
tooth	teeth	이빨			

9 상호 복수

두 대상이 어떤 것을 동시에 동작을 할 때 사용

shake hands with	−와 악수하다	be on good terms with	−와 사이좋게 지내다
change cars	차를 갈아타다	change places with	−와 자리를 바꾸다
exchange letters with	−와 편지를 주고받다	exchange seats with	−와 자리를 바꾸다
make friends with	−와 친구가 되다	take turns in	～을 교대로 −하다

① She shook **hands** with me.
그녀는 나와 악수했다.

10 단/복수 동일한 명사

N(e)s (×)

aircraft	항공기	means	수단 방법	series	연속
species	종	percent	퍼센트		

① Television is <u>an</u> effective **means** of socialization.
텔레비전은 사회화의 효과적인 수단이다.

② We tried through <u>many</u> **means** to achieve the result.
우리는 그 결과를 성취하기 위해서 많은 수단을 통해 노력했다.

CHAPTER 18

Quiz 다음 문장에서 맞는 것을 고르세요.

1. The committee [consist / consists] of ten members.
   그 위원회는 열 명으로 구성되어 있다.

2. Cattle [was / were] grazing on the hill.
   소들이 언덕 위에서 풀을 뜯고 있다.

3. My son was in [a hot water / hot water].
   내 아들은 곤경에 처해 있었다.

4. He must finish [many / much] [homeworks / homework].
   그는 많은 숙제를 끝마쳐야 한다.

5. She shook [hand / hands] with her old friend.
   그녀는 그녀의 오랜 친구와 악수를 했다.

정답 1. consists   2. were   3. hot water   4. much, homework   5. hands

UNIT 01 관사의 종류

1 부정관사 –a / an

01 one : 하나

① Rome was not built in **a** day.
로마는 하루 아침에 이루어지지 않았다.

02 per : 마다

① Take this vitamin pill three times **a** day.
이 비타민 알약을 하루에 3번씩 섭취하세요.

03 certain : 어떤

① In **a** sense, you are right.
어떤 의미에서는(어느 정도는), 네가 맞다.

04 the same : 같은

① Birds of **a** feather flock together.
같은 성향의 사람들은 함께 모인다.(유유상종)

05 대표 단수

① A lion is the king of beasts.
= The lion is the king of beasts.
= Lions are the king of beasts.
사자는 백수의 왕이다.

> **cf** The lions are the king of beasts.
> 그 사자들은 백수의 왕이다.

2 정관사 the (다 알고 있는 것 / 정해진 것)

01 지시사

앞 'N' → 뒤 'the N'

① There is an apple on the table, and **the** apple is mine.
테이블 위에 사과가 있다, 그리고 그 사과는 나의 것이다.

02 후치수식을 받는 명사 앞

① She is **the** girl who I loved two years ago.
그녀는 2년 전 내가 사랑했던 그 여인이다.

03 the + ________ + N

서수 / 최상급 / same / very / only

① He is **the second** son of our president.
그는 우리 사장님의 둘째 아들이다.

② Today is **the happiest** day in my life.
오늘은 내 인생에서 가장 행복한 날이다.

③ This is **the very** thing that I wanted.
이것이 내가 원했던 바로 그것이다.

④ We graduated from **the same** college.
우리는 같은 대학을 졸업했다.

⑤ He is **the only** one that can support us.
그는 우리를 지지하는 유일한 사람이다.

04 유일한 것

the Pacific (ocean)	태평양	the Indian (ocean)	인도양	the Atlantic (ocean)	대서양
the sun	해	the moon	달	the earth	지구
the world	세상				

05 by the 단위

① He was paid **by the hour.**

그는 한 시간 간격으로 임금을 받았다(시간당으로 보수를 받았다).

② This office is rented **by the month.**

이 사무실은 월세로 임대된다.

06 the + 악기

① I wish I could play **the guitar.**

내가 기타를 연주할 수 있으면 좋을 텐데.

07 the + 신체 일부

'잡다' 계열 : catch, hold, push, pull, seize, shake, take + O(사람, 동물) + by the 신체 일부
'치다' 계열 : beat, hit, kiss, pat, strike, touch + O(사람, 동물) + on the 신체 일부
'보다' 계열 : look, gaze, stare + O(사람, 동물) + in the 신체 일부

① She <u>pulled</u> him **by the hand.**

그녀는 그의 손을 잡아당겼다.

② She <u>patted</u> him **on the shoulder.**

그녀는 그의 어깨를 쓰다듬었다.

③ She <u>stared</u> him **in the face.**

그녀는 그의 얼굴을 응시했다.

08 the + 형용사

the + <u>형용사</u> = 복수 보통명사 (~하는 사람들)
    └ 비교적 기준이 분명

① **The homeless** in the station look gloomy.
역에 있는 그 집 없는 사람들은 우울해 보인다.

② **The unemployed** in the station look gloomy.   [the + p.p]
역에 있는 그 실직한 사람들은 우울해 보인다.   └ '과거분사'도 형용사 취급

③ He took care of **the dying**.   [the + ~ing]
그는 죽어가는 사람들을 돌봤다.   └ '현재분사'도 형용사 취급

---

cf the + <u>형용사</u> = **추상명사** [(단수취급) '(보통)~하는 것']
      └ 비교적 기준이 불분명
She has an eye for **the beautiful**.
그녀는 심미안이 있다.

---

09 대표 단수

① **The** lion is the king of beasts.
사자는 백수의 왕이다.

3 무관사 (경계선 X)

01 by + 교통 / 통신

by bus	버스로	by train	기차로	by subway	지하철로	by plane	비행기로
by email	이메일로	by phone	전화로	by fax	팩스로		

① It is not important whether we go **by bus or train**.
우리가 버스로 갈 것인지 기차로 갈 것인지는 중요하지 않다.

② Many companies received your students' applications **by email**.
많은 회사들은 이메일로 당신의 학생들의 지원서를 받았다.

02 무관사 + 장소 → 장소 본래의 목적

무관사 + 장소	의미	the + 장소	의미
go to school	수업(목적)을 받으러 가다	go to the school	학교(장소)에 가다
go to church	예배(목적) 보러 가다	go to the church	교회(장소)에 가다
go to prison	수감생활(목적)하러 가다	go to the prison	감옥(장소)에 가다
go to hospital	입원(목적)하러 가다	go to the hospital	병원(장소)에 가다
go to bed	잠(목적)자러 가다	go to the bed	침대(장소)에 가다

① Every day he goes to **school**.
매일 그는 수업을 받으러 간다.

② Every day he goes to **the school** to meet me.
매일 그는 나를 만나기 위해서 학교에 간다.

③ She is in **prison**.
그녀는 수감 중이다.

④ She is in **the prison**.
그녀는 그 감옥에 있다.

03 명사 + 기수

① During **World War II**, over fifty million people died.
During <u>the</u> **Second World War**, over fifty million people died.
제2차 세계대전 동안, 5천만 명이 넘는 사람들이 죽었다.

* World War II (World War Two) / **the** Second World War

04 (As) + 형/부/명 + as + S + V
└ 무관사 명사

① Cute **girl** as she was, I didn't like her.
그녀는 귀여운 소녀였으나, 나는 그녀를 좋아하지 않았다.

05 운동 / 계절 / 식사 / 학과 / 질병

① What about playing **soccer** after school?
방과 후에 축구하는 것은 어때?

② In **spring**, many flowers are in full bloom in my garden.
봄에, 많은 꽃들이 내 정원에 만발한다.

③ I had **dinner** in the restaurant with my family.
나는 내 가족들과 함께 그 식당에서 저녁을 먹었다.

④ The student has studied **ecology** for 3 years.
그 학생은 3년 동안 생태학을 공부해 왔다.

⑤ People with **diabetes** should take the drug.
당뇨가 있는 사람들은 그 약을 섭취해야 한다.

06 관용 표현(관용 표현으로 알아두는 무관사 명사)

by mistake	실수로	in detail	자세히	at night	밤에
at noon	정오에	on foot	걸어서	at home	집에서, 편안한
take place	발생하다	take advantage of	이용하다		

4 관사 + 어순

01 일반적: 관사 + 부사 + 형용사 + 명사

① She is a very smart girl.

그녀는 아주 똑똑한 소녀이다.

02 so / too / as / how + 형 + a(n) + 명

① I have never seen so beautiful a sunrise.

나는 이토록 아름다운 해돋이를 본 적이 없다.

② How beautiful a sunrise it is.

이 얼마나 아름다운 해돋이인가.

03 such / quite / rather / what + a(n) + 형 + 명

① I have never seen such a beautiful sunrise.

나는 이토록 아름다운 해돋이를 본 적이 없다.

② What a beautiful sunrise it is.

이 얼마나 아름다운 해돋이인가.

Quiz 다음 문장에서 맞는 것을 고르세요.

1. He pulled me by [a / the] hand.

   그는 나의 손을 잡아당겼다.

2. I went there by [a bus / the bus / bus].

   나는 거기에 버스로 갔다.

3. This is too [great a chance / a great chance] to me.

   이것은 나에게 너무 대단한 기회이다.

4. She is such [excellent a player / an excellent player].

   그녀는 매우 뛰어난 선수이다.

정답 1. the   2. bus   3. great a chance   4. an excellent player

1 인칭대명사 basic

	주격 (~는/가)	소유격 (~의)	목적격 (~를/~에게)	소유대명사 (~의 것)	재귀대명사 (~자신)
1인칭(단수)	I	my	me	mine	myself
1인칭(복수)	We	our	us	ours	ourselves
2인칭(단수)	You	your	you	yours	yourself
2인칭(복수)	You	your	you	yours	yourselves
3인칭(단수)	He	his	him	his	himself
	She	her	her	hers	herself
	It	its	it		itself
3인칭(복수)	They	their	them	theirs	themselves

① DY is a teacher. **He** teaches English.
           └ 주격
DY는 선생님이다. 그는 영어를 가르친다.

② **He** wrote **his** name on the paper.
  └ 주격   └ 소유격
그는 그의 이름을 종이 위에 썼다.

③ I can see **him** again soon.
          └ 목적격 (V-목적어)
나는 그를 곧 다시 볼 수 있다.

④ Look at the dog behind **me**.
              └ 목적격 (전치사-목적어)
내 뒤에 있는 저 개를 보아라.

⑤ This pencil is **mine**.
         └ 소유대명사 (my pencil)
이 연필은 내 것이다.

Yours is on the desk.
  └ 소유대명사 (your pencil)
네 것은 책상 위에 있다.

UNIT 02 재귀대명사

1 재귀대명사 basic

[모양 : 단수] – self
[모양 : 복수] – selves
[해석] 자신 (에게/을)

2 재귀대명사 용법

01 재귀적 용법

① I love **myself**.
   S V   O └ 생략 불가능
나는 나 자신을 사랑한다.

② He hanged **himself** in the prison.
   S   V   O └ 생략 불가능
그는 감옥에서 목매어 죽었다.

02 강조 용법

① She **herself** told me the bad news. = She told me the bad news **herself**.
    └ 생략 가능   └ 생략 가능
그녀는 직접 내게 나쁜 소식을 말해 주었다.

3 O 자리 : 재귀대명사 vs (일반)대명사

```
#     S          V              O
     (의S)      (준V)          (의O)          ┐   재귀대명사 vs (일반)대명사
     (선행사) (관계대명사절 V) (관계대명사절 O)  ┘
```

① S = O (의S = 의O) ▷ O(의O) 자리에 '**재귀대명사**'
② S ≠ O (의S ≠ 의O) ▷ O(의O) 자리에 '**(일반)대명사**'

① He killed [him / himself] .
그는 그를 죽였다/자살했다.

② Children like talking about **themselves**. (Children = themselves)
어린이들은 그들 자신에 대해서 이야기하는 것을 좋아한다.

Children like talking about **them**. (Children ≠ them)
어린이들은 그들에 대해서 이야기하는 것을 좋아한다.

4 재귀대명사 관용 표현

help oneself (to)	마음대로 먹다	make oneself at home	편히 지내다
behave oneself	얌전하게 행동하다	avail oneself of	ㅡ을 이용하다
devote oneself to	ㅡ에 몰두하다	by oneself	혼자서
for oneself	혼자 힘으로	In itself	그 자체로
of itself	저절로	between ourselves	우리끼리 이야기지만
beside oneself	제정신이 아닌	come to oneself	정신을 차리다

① Don't forget to **help yourself** to the buffet.
뷔페에서 맘껏 먹는 것을 잊지 말아라.

② She does not seem to know how to **behave herself**.
그녀는 얌전하게 행동하는 방법을 모르는 것처럼 보인다.

③ He went off **by himself** where no one could find him.
그는 혼자서 아무도 그를 찾을 수 없는 곳으로 떠나버렸다.

④ I'm **beside myself** with anticipation for death.
나는 죽음에 대한 예상으로 제정신이 아니다.

Quiz 다음 문장에서 맞는 것을 고르세요.

1. The importance of rubber is that it is elastic. When you stretch a rubber band and let it go, its elasticity makes [it / itself] quickly spring back to its original shape.

고무의 중요성은 그것이 탄력성이 있다는 것이다. 당신이 고무 밴드를 늘렸다가 놓았을 때, 그것(고무)의 탄성은 그것이 빠르게 그 원래 모양으로 돌아가도록 만든다.

2. When you attempt to do something and fail, you have to ask [you / yourself] why you have failed to do what you intended.

네가 무언가를 시도하고 실패했을 때, 너는 너 자신에게 네가 의도한 것을 해내는 것을 왜 실패했는지를 물어봐야 한다.

3. Lots of other child-rearing experts say that letting your babies "cry down" is a good practice that helps [them / themselves] learn to fall asleep.

다른 많은 아동 양육 전문가들은 아기들을 "울도록" 내버려 두는 것이 그들이 잠에 드는 것을 배우는 것을 돕는 좋은 연습(습관)이라고 말한다.

4. For instance, people often adopt clothing styles which distinguish [them / themselves] from the groups of people in their society.

예를 들어, 사람들은 종종 그들 자신을 그들의 사회에 있는 사람들의 무리들과 구분을 지어 주는 옷 스타일을 채택한다.

5. He objected to his son's desire to be a soccer player. Since then, he has admitted his son's disliking [him / himself].

그는 그의 아들이 축구 선수가 되고자 하는 바람에 반대했다. 그 이후로 그는 그의 아들이 그를 싫어하는 것을 인지했다.

정답 1. it 2. yourself 3. them 4. them 5. him

UNIT 03 지시대명사

1 this(단수), these(복수)

01 공간적, 시간적, 심리적으로 가까운 것

① Is **this** your camera?
이게 네 카메라니?

② **These** are his cameras.
이것들은 그의 카메라들이다.

③ **This** is my first time trying fast food.
이것은 내가 처음으로 먹은 패스트 푸드이다.

02 (, which처럼) 앞에 나온 단어, 구, 절 등을 가리킴

① They will surely help the helpless. **This** will please their mother.
그들은 의심의 여지없이 무력한 사람들을 도울 것이다. 이것은 그들의 어머니를 기쁘게 할 것이다.

2 that(단수), those(복수)

01 공간적, 시간적, 심리적으로 먼 것

① **That** is a blouse. **Those** are blouses.
저것은 블라우스이다. 저것들은 블라우스들이다.

02 명사의 반복을 피하기 위한 것 + 비교의 대상 that / those

① The population of China is larger than **that** of Korea.
중국의 인구는 한국의 그것(인구)보다 더 크다

② Her conclusions are different from **those** of other experimenters.
그녀의 결론들은 다른 실험자들의 그것들(결론들)과 다르다.

③ Only 10 percent of **those** who responded said it was wrong.　　　[those=people]
응답한 사람들 중 고작 10 퍼센트만 그것이 틀렸다고 말했다.

3 such : (앞서 언급된) 그러한 것

① You can't always have what you want. **Such** is life.
당신은 당신이 원하는 것을 항상 가질 수 없다. 그러한 것이 인생이다.

---

cf such as : ～와 같은

She has many books, <u>such as</u> novels, cartoons and collections of poems.

그녀는 소설, 만화 그리고 시집들과 같은 많은 책들을 가지고 있다.

---

cf such A as B : B와 같은 A

With <u>such</u> writing supplies <u>as</u> pen, ballpoint pen, fountain pen, and highlight pen, you can draw anything.

펜, 볼펜, 만년필 그리고 형광펜과 같은 필기구들을 가지고, 너는 어느 것이든지 그릴 수 있다.

4 the same : (앞에 것과) 같은 것

① She ordered the dish, and I ordered **the same**.
그녀는 그 요리를 주문했고, 나는 같은 것을 주문했다.

---

cf the same A as – (똑같은 종류)

She wears **the same** watch **as** you wear.

그녀는 네가 차고 있는 것과 똑같은 종류의 시계를 차고 있다.

---

cf the same A that – (똑같은 물건)

He has **the same** watch **that** I lost last week.

그녀는 내가 지난주에 잃어버린 시계와 똑같은 것을 가지고 있다.

UNIT 04　부정대명사

1　one / another / other

01 여러 개를 부정대명사로 나열하기

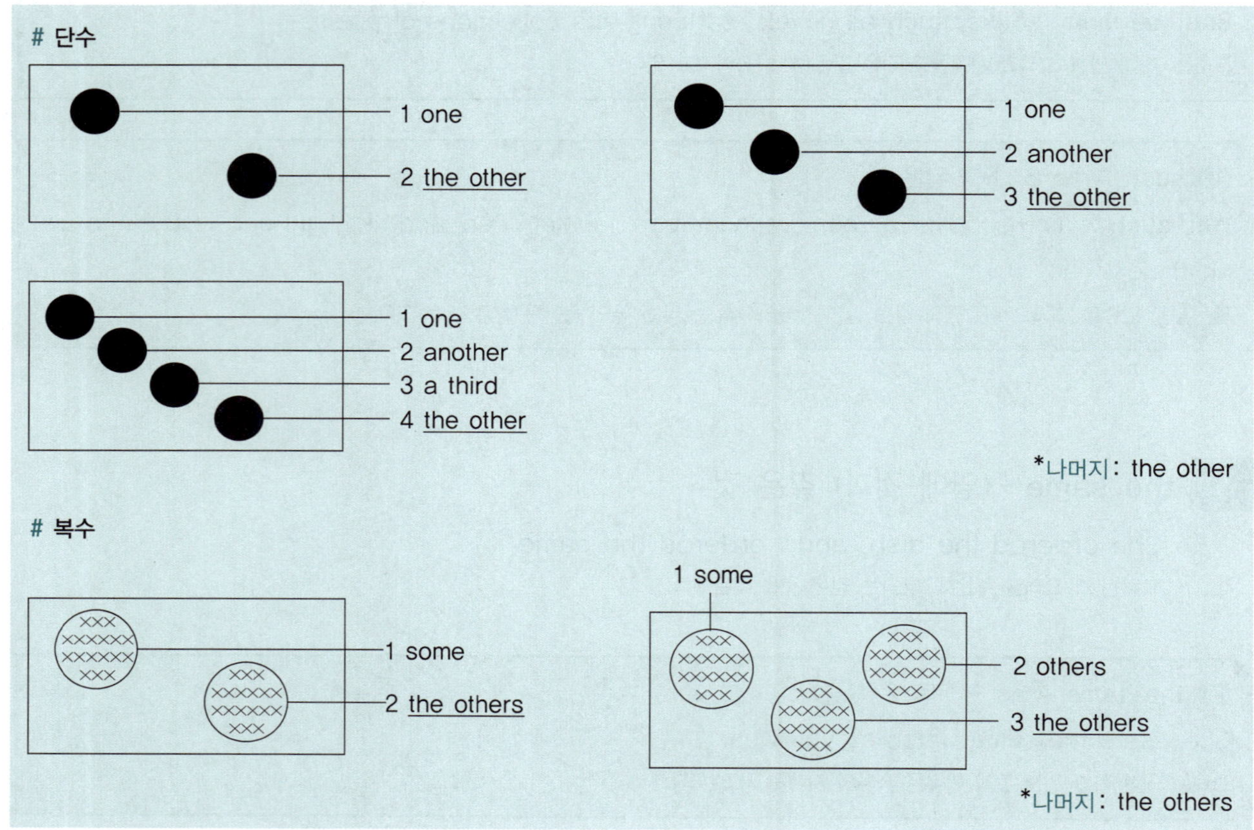

① I have two brothers; **One** is in England, and **the other** in America.
　나는 두 명의 형제가 있다; 한 명은 영국에 있고, 다른 한 명은 미국에 있다.

② There are three men. **One** is a doctor, **another** (is) a teacher, and **the other** (is) a lawyer.
　세 명의 남자가 있다. 한 명은 의사이고, 다른 한 명은 선생님이고, 그리고 나머지 한 명은 변호사이다.

③ There are four flowers in the vase; **one** is 'rose', **another**, 'tulip', **a third**, 'carnation' and **the other** is 'lily'.
　화병에는 네 송이의 꽃이 있다; 하나는 '장미'이고, 다른 하나는 '튤립', 또 다른 하나는 '카네이션', 그리고 나머지 하나는 '백합'이다.

④ Here are six books; **some** are mine, **the others** are hers.
　여섯 권의 책이 있다; 몇 권은 내 것이고, 나머지는 그녀의 것이다.

02 **one / ones**

앞에서 언급된 불특정한 것(셀 수 있는 명사)을 지칭

#　　　　one

　　　　　　　　: 수식 가능

　　　ones

① The train was full of people, so I took the next **one**.
그 기차가 사람들로 가득 차서, 그래서 나는 다음 것(기차)을 탔다.

② I like red apples more than green **ones**.
나는 녹색의 그것(사과)보다 빨간 사과를 더 좋아한다.

03 **other / others**

[other]

① **the other** : 특정한 것 / 나머지 개념

There is only one sock here. Where is **the other**?
여기 양말이 한 짝만 있다. 다른 한 짝은 어디 있지?

② **other** + **Ns** (복수명사)

Those sweaters don't fit you very well. Try on some **other ones**.
그 스웨터들은 네게 너무 안 어울린다. 다른 것(스웨터)들 좀 입어봐.

[others]

① **다른 사람들**

Be kind to **others**.
다른 사람들에게 친절히 해라.

② **the others** : 특정한 것들 / 나머지 개념

Some of the bananas in the box are rotten, but **the others** are fine.
박스 안에 있는 일부의 바나나들이 썩었지만, 다른 일부(의 바나나들)는 괜찮다.

04 another

[불특정한 또 하나의 다른 사람 / 것]

① I already had a sandwich, but I think I need **another**.

나는 이미 샌드위치를 하나 먹었지만, 내 생각에 나는 (샌드위치) 또 하나가 필요한 것 같다.

[another + N (단수 명사)]

① Could you give me **another** question?

내게 또 다른 질문이 있나요?

> **cf** another + 수사 / few + Ns (복수명사) - ~만큼 더
>
> I have already written three stories, but I have to write another three (stories).
>
> 나는 이미 세 개의 이야기를 썼지만, 나는 이야기를 세 개만큼(정도) 더 써야 한다.

05 표현s

[A is <u>one thing</u> and B is <u>another</u>. : A와 B는 별개의 문제이다.]

① To know is **one thing** and to teach is **another**.

아는 것과 가르치는 것은 별개의 문제이다.

[서로 (2): each other / 서로 (3 이상): one another]

① DY and JH really loved **each other**.

DY와 JH는 서로를 진정으로 사랑했다.

② They all try to help **one another**.

그들은 모두 서로를 도우려고 노력한다.

2 every(모든) / each[각각(의)] / all

01 **every** + N(단수 명사)
└ 부정형용사

02 **each** + N(단수 명사) / **each**(단수 취급)
└ 부정형용사   └부정대명사

① **Each** boy and **each** girl <u>is</u> studying hard.
그 소년과 소녀는 각자 열심히 공부하는 중이다.

② **Every** train and steam boat <u>was</u> crowded.
모든 기차와 증기선은 만원이었다.

③ **Each** of them <u>has</u> a dog.
그들 각각은 강아지 한 마리가 있다.

03 **every** + **기수** + **Ns**(복수 명사) / **every** + **서수** + **N**(단수 명사) : ～마다

① He cuts his hair **every** <u>two months</u>.
그는 두 달마다 머리를 자른다.

② He cuts his hair **every** <u>second month</u>.
그는 두 달마다 머리를 자른다.

+@	부분부정

all, every, / both /, always, necessarily, entirely + 부정어
→ 모두 −한 것은 아니다 / 둘 다 −인 것은 아니다 / 항상(반드시) −인 것은 아니다

① He did **not** invite **all** of them.
그가 그들 모두를 초대하지는 않았다.

② This subject is **not always** easy to study.
이 과목은 공부하기에 항상 쉽지는 않다.

UNIT 05 단수 대명사 vs 복수 대명사

앞[명사]	뒤[대명사]
단수(사람)	he, his, him, she, her
단수(사물)	it, its
복수(사람, 사물)	they, their, them

Quiz 다음 문장에서 맞는 것을 고르세요.

1. Wild animals only attack hunters when the hunters mean to harm their young ones, or when the hunters make [it / them] angry.

   야생 동물들은 사냥꾼들이 그들의 새끼들을 해치려고 할 때나, 또는 사냥꾼들이 그들을 화나게 할 때만, 사냥꾼들을 공격한다.

2. As you read a new word in context, there is a very good chance that you will be able to guess [its / their] meaning.

   당신이 새로운 단어를 문맥 속에서 읽을 때, 당신이 그 (새로운 단어의) 의미를 추측할 수 있는 좋은 기회가 생긴다.

3. The first thing I notice up on entering this garden is that the ankle-high grass is greener than [that / those] on the other side of the fence.

   내가 이 정원에 들어오자마자 발견한 첫 번째 것은 발목 높이의 잔디가 울타리 맞은편의 잔디보다 더 푸르다는 것이다.

4. Some of today's flightless birds, such as the ostrich, have long legs and feet that are strikingly similar to [that / those] of some dinosaurs.

   타조와 같은, 현재의 날 수 없는 새들의 일부는, 공룡의 것들(긴 다리와 발)과 놀라울 만큼 비슷한 긴 다리와 발을 가지고 있다.

정답 1. them 2. its 3. that 4. those

Quiz 다음 문장에서 맞는 것을 고르세요.

1. Straddling the top of the world, one foot in China and [another / other / the other] in Nepal, I cleared the ice from my oxygen mask.
   한 발은 중국에 그리고 다른 발은 네팔에 놓은 채 세계의 꼭대기에 걸터앉아 나는 산소마스크에 얼음을 제거 했다.

2. We don't look at the curfew as [another / other] way to harass juveniles.
   우리는 통금시간을 청소년을 괴롭히는 또 다른 방식으로 바라보지 않는다.

3. To work is one thing, and to make money is [another / other / the other].
   일하는 것과 돈 버는 것은 별개의 것이다.

4. Every person at the meeting [is / are] fond of the idea.
   그 회의에 있는 모든 사람들이 그 아이디어를 좋아한다.

5. My house is painted every five [year / years].
   나의 집은 5년마다 페인트칠이 된다.

6. Neither of the two applicants [is / are] eligible for the job.
   두 지원자들 중 어느 누구도 그 일자리에 적임자가 아니다.

7. This sweater is too large. Please show me a small [it / one].
   이 스웨터는 너무 크네요. 작은 것을 보여주세요.

8. Corporations ought to use trademarks to identify [itself / themselves].
   회사들은 자신들의 정체성을 나타내기 위해 상표를 사용해야 한다.

9. Corporations manufacturing computers with toxic materials should arrange for [its / their] disposal.
   독성 물질은 지닌 컴퓨터를 만드는 회사는 그것들의 처리를 위한 준비를 해야 한다.

정답 1. the other   2. another   3. another   4. is   5. years   6. is   7. one   8. themselves   9. their

UNIT 01 전치사 Basics

1 전치사 구문의 형태

01 전치사 뒤에 대명사가 올 때는 **목적격**으로 쓴다.

① I bought this ring <u>for</u> her.
나는 그녀를 위해서 이 반지를 샀다.

02 전치사 뒤에 준동사가 올 때는 **동명사(Ving)**를 쓴다.

① I'm looking forward <u>to</u> **seeing** her again.
나는 그녀를 다시 보는 것을 학수고대하는 중이다.

2 　전치사구

01 　전치사구 형태

\# 전치사 ＋ 명사/대명사

02 　전치사구의 역할 : 형용사

[N 수식]

① The girl **in a black sweater** is my aunt.
검은색 스웨터를 입은 그 여인은 나의 이모이다.

② The car **by the tall building** is mine.
높은 건물 옆에 있는 그 차는 나의 것이다.

[보어]

① The project is **of importance**.
그 프로젝트는 중요하다.

② It is **of no use** to correct the manuscript.
원고를 수정하는 것은 쓸모 없다.

③ Please make yourself **at home**.
편하게 계세요.

+@　　**of ＋ 추상명사 → 형용사**

of importance / of consequence → **important** [중요한]

of use → **useful** [유용한]

of no use → **useless** [쓸모없는]

of value → **valuable** [가치 있는]

of no value → **valueless** [가치 없는]

of wisdom → **wise** [현명한]

at home [편안한]

at ease [걱정 없는 (걱정 없이)]

CHAPTER **21**

03 전치사구의 역할 : 부사

① Let's meet **at the station**.
역에서 만나자.

② She is good **at making** cookies.
그녀는 쿠키 만들기에 능숙하다.

③ **To his disappointment**, she refused his invitation.
실망스럽게도, 그녀는 그의 초대를 거절했다.

④ He speaks English **with fluency**.
그는 영어를 유창하게 말한다.

⑤ She wrote an essay **with ease**.
그녀는 쉽게 에세이를 썼다.

⑥ She broke my glasses **on purpose**.
그녀는 의도적으로 내 안경을 부러트렸다.

+@	with / on / in / by + 추상명사 → 부사				
with ease	→ **easily**	[쉽게]	with fluency	→ **fluently**	[유창하게]
with safety	→ **safely**	[안전하게]	with care	→ **carefully**	[주의 깊게]
with rapidity	→ **rapidly**	[빠르게]	with patience	→ **patiently**	[참을성 있게]
on purpose	→ **purposely**	[고의로]	on occasion	→ **occasionally**	[때때로]
in reality	→ **really**	[실제로, 사실]	in haste	→ **hastily**	[서둘러서, 급하게]
by accident	→ **accidentally**	[우연히]			

04 **전치사의 종류**

[until : 지속 / 반복, by : 기한 / 완성 / 마지노선]

① I'm going to study [by / <u>until—till</u>] 6 o'clock.
나는 6시까지 공부할 예정이다.

② I have to submit this [<u>by</u> / until—till] 6 o'clock.
나는 6시까지 이것을 제출해야 한다.

[during : when?, for : how long?]

① DY has been sick [during / <u>for</u>] three weeks.
DY는 3주 동안 아팠다.

② We were all very happy [<u>during</u> / for] last vacation.
우리는 지난 방학 동안 모두 매우 행복했다.

[beside : 옆에(전치사), besides : 이외에도(전치사) / 게다가ㅡ(접속부사)]

① DY is standing [<u>beside</u> / besides] my dog.
DY는 내 강아지 옆에 서 있다.

② We have many things in common [beside / <u>besides</u>] baseball.
우리는 야구 이외에도 많은 공통점이 있다.

③ We do not want to go there. [Beside / <u>Besides</u>] it is raining now.
우리는 지금 그곳에 가기를 원하지 않는다. 게다가 지금 비가 오는 중이다.

[between : 2 개념 / —사이에서, among : 2 개념 ↑ / —중에, — 가운데서]

① DY is standing [<u>between</u> / among] my mom and brother.
DY는 나의 엄마와 동생 사이에 서 있다.

② DY is popular [between / <u>among</u>] the students.
DY는 그 학생들 가운데서 인기가 있다.

CHAPTER **21**

UNIT 02 　전치사 Points

1　전치사의 목적어

[개념] 전치사 + **O**
　　　　└ 전치사의 목적어

[구체화] 전치사 + **O**
　　　　　└ ① 명사
　　　　　　② 대명사 (목적격)
　　　　　　③ 명사구 (Ving) (to V)
　　　　　　④ 명사절 (that s v) (if s v)

① He looked <u>at</u> his daughter.
그는 그의 딸을 보았다.

② Our members were waiting <u>for</u> him.
우리 멤버들은 그를 기다리는 중이었다.

③ <u>On **hearing** the news</u>, she went to **his company**.
→ On **hear** the news, (×)
→ On **to hear** the news, (×)
그 뉴스를 듣자마자, 그녀는 그의 회사로 갔다.

④ There is no question about **whether I should give him another chance or not** .
There is no question about **if I should give him another chance or not** . (×)
내가 그에게 또 한 번의 기회를 줄지 안 줄지에 대해서는 의심할 여지가 없다.

+@ 　**예외**

① **in** that S V : – 라는 점에서

　ex) She has an advantage over you **in that** she can speak French.

　　그녀가 불어를 할 수 있다는 점에서 그녀는 나보다 유리하다.

② **except** that S V : – 을 제외하고

　ex) I don't have much to tell you **except that** I am innocent.

　　나는 내가 결백하다는 것을 제외하고 당신에게 더 할 말이 없다.

③ have no choice **but** to V : – 하지 않을 수 없다 (–할 수 밖에 없다)

　ex) I **have no choice but to praise** you.

　　나는 너를 칭찬하지 않을 수 없다

2 　전치사의 to vs To V의 to

01 대표적인 전치사 to 표현s

① **look forward to** : – 을 기대하다, 고대하다

　I **look forward to** seeing you again.

　나는 당신을 다시 보기를 기대합니다.

② **be used to** : – 하는 데 익숙하다

　She **is used to** getting up early.

　그녀는 일찍 일어나는 것에 익숙하다.

③ **object to** : – 에 반대하다

　He **objected to** accepting my suggestion.

　그는 나의 제안을 받아들이는 것에 반대했다.

④ **with a view to** : – 하기 위하여

　He worked hard **with a view to** succeeding.

　그는 성공하기 위해서 열심히 일했다.

⑤ **what do you say to** : – 하는 게 어때?

　What do you say to taking a break for ten minutes?

　10분간 쉬는 것에 대해 어떻게 생각하세요?

⑥ **when it comes to** : － 에 관해서

When it comes to going climb, he is second to none.
등산하는 것에 관한 한, 그는 제일이다.

⑦ **respond to** : － 에 반응하다

You didn't **respond to** our attempts to contact you.
너는 우리가 너와 연락하기 위해 한 시도에 응답하지 않았다.

⑧ **expose A to B** : A를 B에 노출시키다

Don't **expose** children **to** secondhand smoke.
아이들을 간접 흡연에 노출시키지 말아라.

⑨ **devote A to B** : A를 B에 바치다, 헌신하다

Bill Gates is planning to **devote** his life **to** charity.
빌 게이츠는 그의 삶을 자선단체에 바치기로 계획 중이다.

⑩ **dedicate A to B** : A를 B에 바치다, 헌신하다

I would like to **dedicate** myself **to** playing instruments.
나는 악기들을 연주하는 것에 내 자신을 몰두하고 싶다.

⑪ **contribute to** : －에 기여하다, 공헌하다

They want to **contribute to** improving society.
그들은 사회를 개선하는 데 헌신하기를 원한다.

Quiz 다음 문장에서 맞는 것을 고르세요.

1. [Beside / Besides] literature, we have to study history and philosophy.
   문학이외에도, 우리는 역사와 철학을 공부해야 한다.

2. They went to London [for / during] the vacation and stayed there [for / during] three weeks.
   그들은 방학 동안 런던으로 가서 거기에 3주 동안 머물렀다.

3. Cooper is a private-security detective, one of many who patrol once prosperous enclaves [like / alike] Palmer Woods.
   Cooper는 사설 보안 탐정이다. 즉 그는 Palmer Woods와 같은 한 때 번성했던 집단 거주지들을 순찰하는 많은 사람들 중 한 사람이다.

4. We must read the next chapter [by / till] tomorrow.
   우리는 내일까지 다음 챕터를 읽어야 한다.

5. We stayed at the bar [by / till] 4:00 AM.
   우리는 새벽 4시까지 술집에 머물렀다.

정답 1. Besides   2. during, for   3. like   4. by   5. till

CHAPTER 21

강조, 생략, It 용법, 도치

UNIT 01　강조

1　It − that 강조

01　모양과 해석

[모양] It ＋ <u>be V</u> ＋ **강조 내용** ＋ <u>that</u> −
　　　　└ is / was　　　　　　└ who
　　　　　has been
　　　　　had been

[해석] −인 것은 바로 **강조 내용**이다.

02　강조내용의 다양성

① <u>It was</u> **the view** <u>that</u> made last trip mor e enjoyable. (단어)
지난 여행을 더욱 즐겁게 만든 것은 바로 경치였다.

② <u>It is</u> **as a pupil and admirer** <u>that</u> I stand at the grave. (구)
그 묘소에 서 있는 것은 바로 제자이자 흠모하는 사람으로서이다.

③ <u>It is</u> **only when our parents are gone and we never see them again** <u>that</u> we find that they and we are indivisible. (절)
부모님과 우리가 불가분의 관계라는 것을 깨닫는 것은 바로 우리 부모님들이 돌아가셔서 우리가 그들을 다신 볼 수 없을 때이다.

03　(that → who) : '강조 내용 (사람)' ＋ that → who 가능

① <u>It is</u> our parents <u>who</u> have given us our sense of right and wrong.
우리에게 옳고 그름에 대한 감각을 준 사람은 바로 우리 부모님이다.

04 It / be V / that을 지우면 문법적으로 완전한 문장 (단, 어순은 신경을 쓰지 말 것)

① It was my mom that met my teacher there.

→ my mom / met my teacher there.

그곳에서 내 선생님을 만난 사람은 바로 우리 엄마였다.

② It was my teacher that my mom met there.

→ my teacher / my mom met there.

엄마가 그곳에서 만난 사람은 바로 내 선생님이었다.

05 **Grammar Points**

[Grammar 1] **that 뒤 V의 수일치**

It is the capacity to develop and improve their skills that [distinguishes / distinguish] leaders from followers.
리더들을 추종자들로부터 구분하는 것은 바로 그들의 기량을 발달시키고 향상시키는 그 능력이다.

[Grammar 2] **강조 내용 − 격**

It is she that makes me happy.
It is her that makes me happy. (×)
나를 행복하게 만드는 사람은 바로 그녀이다.

2 V 강조

[모양] <u>do</u> + V원형
└ do / does / did

① My mom **did** meet my teacher there.
엄마는 그곳에서 내 선생님을 정말로 만났다.

② **Do** come to see me again.
꼭 나를 다시 보러 와라.

③ He **does** know your secret.
그는 분명히 너의 비밀을 안다.

3 명사 강조

01 **the very N**: 바로 그 N

① **The very memory** about his mom made him what he is.
그의 엄마에 대한 바로 그 기억이 그를 오늘날의 그로 만들었다.

02 재귀대명사: 강조 용법

① I **myself** helped the poor build their house.
나는 가난한 사람들이 그들의 집을 짓는 것을 직접 도왔다.

+@　**의문문 강조**

보통 의문사가 있는 의문문에서 의문사 뒤에 → on earth / in the world / the hell

① <u>Why</u> **on earth** are you doing this?
도대체 왜 이러는 거야?

② <u>What</u> **the hell** are you doing?
도대체 뭐하고 있는 거야?

+@　**부정어 강조**

whatever / at all / in the least / a little / a bit

① I <u>don't</u> like that **at all**.
나는 그것을 전혀 좋아하지 않아.

② I am <u>not</u> **in the least** afraid of cockroaches.
나는 바퀴벌레를 전혀 무서워하지 않아.

UNIT 02 | 생략

1 | 반복 / 공통

01 등위접속사로 연결된 두 번째 절에서 생략

① She <u>likes to go</u> to lakes **and** her boyfriend (**likes to go**) to the mountains.
그녀는 호수에 가는 것을 좋아하고 그녀의 남자친구는 산에 가는 것을 좋아한다.

02 공통으로 연결

① The level of eyesight falls, **but** that of generosity rises <u>with age</u>.
나이가 들수록 시력은 떨어지지만, 나이가 들수록 관대함은 높아진다.

2 | 대동사

01 대동사 개념

[대동사 (代動詞)] (pro-verb)
→ 동사의 반복을 피하기 위해 앞에 있던 V를 뒤에서 대신 받는 V를 '대동사'라 한다.
→ **cf** [대명사 (代名詞)] (pronoun)

02 대동사 principles

앞 V		뒷V
be V	→	be V
일반 V	→	do V
(조동사 + V원형)	→	조동사
(have p.p.)	→	have

① She plays the cello better than he **does** the violin.
그가 바이올린을 연주하는 것보다 그녀가 첼로 연주를 더 잘한다.

② You made much more money than I **did**.
너는 내가 버는 것보다 훨씬 더 많은 돈을 벌었다.

CHAPTER 22

③ I love all the people around me as you **do**.
네가 그런 것처럼 나도 내 주변에 있는 모든 사람들을 사랑한다.

④ As human culture has changed with the passing of time, so **has** environment.
인간의 문화가 시간이 지남에 따라 변화하듯이, 환경도 변화한다.

⑤ I think Julia will master everything quickly but Maria **will** not.
나는 Julia가 모든 것을 빨리 마스터할 것이지만 그러나 Maria는 그렇지 못할 것이라고 생각한다.

⑥ He was even happier than you **were** then.
그때 그가 너보다 훨씬 더 행복해했다.

3 대부정사

앞에 나온 to V의 반복을 피하기 위해 'to + V원형'에서 V원형을 생략하고 to만 쓰는 것을 '대부정사'라 한다.

① A : Would you like to have some coffee?
커피 좀 마실래요?

B : Yes, I'd like to (have some coffee).
네, 좋아요.

UNIT 03 | It 용법

1 | 가주어

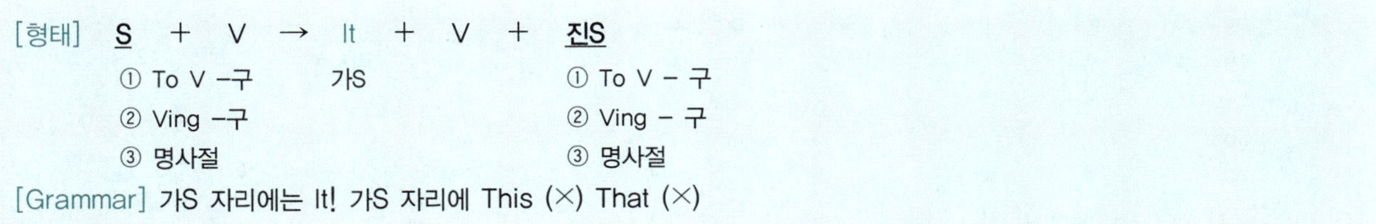

[형태] <u>S</u> + V → It + V + <u>**진S**</u>
    ① To V −구   가S   ① To V − 구
    ② Ving −구   ② Ving − 구
    ③ 명사절   ③ 명사절
[Grammar] 가S 자리에는 It! 가S 자리에 This (✕) That (✕)

① To go on a picnic is exciting.

  → <u>It</u> is exciting **to go on a picnic** .

    <u>This</u> is exciting to go on a picnic. (✕)

    소풍 가는 것은 즐겁다.

② Being a parent is not easy.

  → <u>It</u> is not easy **being a parent**.

    부모가 되는 것은 쉽지 않다.

③ That honesty and trust are important to a relationship is clear.

  → <u>It</u> is clear **that honesty and trust are important to a relationship**.

    정직함과 신뢰가 관계에 있어서 중요하다는 것은 분명하다.

④ <u>It</u> is not obvious **whether there are aliens out there**.

    그곳에 외계인이 있는지 아닌지는 명백하지 않다.

⑤ <u>It</u> is a mystery **why they fall in love**.

    그들이 왜 사랑에 빠졌는지는 미스테리다.

CHAPTER 22

2 가목적어

[형태]

S + <u>V</u> + <u>O</u>↑ + O.C → S + <u>V</u> + it + O.C + <u>진O</u>

① make	① to V −구		① make	가O		① to V −구
② believe	② Ving −구		② believe			② Ving −구
③ consider	③ 명사절		③ consider			③ 명사절
④ think			④ think			
⑤ find			⑤ find			

[Grammar 1] 가O 자리에는 It! 가O 자리에 This (×) That (×)
[Grammar 2] 가O − it 뒤에는 O.C 자리이므로 형용사 (○) / 부사(×)

① She considered to say nothing about the matter best.

→ She considered <u>it</u> best **to say nothing about the matter.**

She considered <u>this</u> best **to say nothing about the matter.** (×)

그녀는 그 문제에 대해서 아무 말도 하지 않는 것이 최선이라고 생각했다.

② He made <u>it</u> clearly **that he objected to the proposal.** (×) (clearly → clear)

그는 그가 그 제안에 반대한다는 것을 분명히 했다.

3 비인칭 S it

시간 / 날씨 / 거리 / 명암을 가리킬 때 뜻이 없이 주어 자리에 있는 It

① It's 2 o'clock now.

지금은 2시이다.

② It's getting colder and colder.

점점 더 추워지고 있다.

③ It's four miles from the station to the school.

역에서부터 학교까지는 4마일이다.

④ It's dark outside.

밖이 어둡다.

UNIT **04** 도치

$$S + V - \rightarrow \bullet + V + S -$$

1 도치 image

01 부정어 + V + S ~

[부정어]
not, never, hardly, scarcely, rarely, barely, seldom, little
not only, not until, no sooner, on no account, under no circumstances

① <u>Never</u> **did** I eat such a delicious food.
      V   S
나는 이렇게 맛있는 음식을 먹어본 적이 없다.

② <u>Little</u> **can** I understand your explanation.
      V   S
나는 너의 설명을 전혀 이해할 수 없다.

③ <u>No sooner</u> **had** she seen the policeman than she ran away.
         V   S
그녀는 경찰을 보자마자 도망쳤다.

④ She did <u>not</u> show up <u>until</u> the Sunday service was held.
그녀는 주일 예배가 열릴 때까지 나타나지 않았다.

[→ it − that 강조구문]

= It was <u>not until</u> the Sunday service was held that she showed up.
그녀가 나타난 것은 바로 주일 예배가 열렸을 때였다.

[→ Not until 도치]

= <u>Not until</u> the Sunday service was held **did** she show up.
                            V   S
주일 예배가 열리고 나서야 비로소 그녀는 나타났다.

---

cf not A until B : B할 때까지 A하지 않다

not until− : −가 돼서야 비로소

[Not until s v] + V + S

02 **Only + V + S ~**

[Only 부사(구) + V + S]

① <u>Only</u> then **did** I understand what she meant to say.

나는 그녀가 말하려고 했던 것을 그제서야 이해했다.

[Only 접 s v + V + S]

① <u>Only</u> after people have become parents themselves **do** they know their parents' love.

사람들은 그들 자신이 부모가 된 후에야 그들의 부모님의 사랑을 알게 된다.

> **cf** Only + N + V –
>
> <u>Only</u> success **is** important for him.
>
> 그에게는 오로지 성공만이 중요하다.

03 **부사(구) + V + S ~**

[There / Here + V₁ + S]

① <u>There</u> **is** an apple on the table.

테이블 위에 사과 하나가 있다.

② <u>There</u> **live** a number of squirrels in this forest.

이 숲에는 많은 다람쥐들이 산다.

③ <u>Here</u> **comes** my teacher!

내 선생님이 온다!

> **cf** There / Here + S (대명사) + V
>
> Here he **comes**!   There she **stood**.
>
> 그가 온다!   그녀가 그곳에 서 있었다.

[장소 / 방향 + V + S]

① <u>On the south side of the building</u> **rises up** the church.

그 교회는 그 건물의 남측에 세워진다.

② <u>To his left</u> **were** a lot of cars.

많은 차들이 그의 왼쪽에 있었다.

[So 형 / 부 + V + S + that S' V']
[Such + V + S + that S' V']

① <u>So hard</u> **did** he study the subject that he could pass the exam.

그는 그 과목을 매우 열심히 공부해서 그는 그 시험을 통과할 수 있었다.

② <u>Such</u> **is** her kindness <u>that</u> she can explain the reason.

그녀는 너무 착해서 그녀는 그 이유를 설명할 수 있다.

04 **보어 + V + S ~**

[형용사]

① Really <u>evident</u> **is** the fact that he is a good−natured man.

그가 성격이 좋은 남자라는 사실은 정말 명백하다.

[분사]

① <u>Blessed</u> **are** the poor in spirit, for theirs is the kingdom of heaven. (Mat 5:3)

하늘나라가 그들의 것이므로, 마음이 가난한 사람은 복이 있나니.

[What (s) v]

① <u>What is necessary</u> **are** ways to ensure my safety.

나의 안전을 보장할 방법들이 필요한 것이다.

05 S도 그래 / 안 그래

긍정문: So + V + S [S도 그래]
부정문: Neither (Nor) + V + S [S도 안 그래]

① A: I like watching TV.
나는 TV 보는 것을 좋아해.

B: So **do** I.
나도 그래.

② A: I don't like watching TV.
나는 TV 보는 것을 안 좋아해.

B: Neither **do** I.
나도 안 그래.

06 than / as + V + S ~

[than + V + S (than + S + V)]

① My son plays more video games <u>than</u> **do** his friends.
                                              V   S
내 아들은 그의 친구들보다 더 많이 비디오 게임을 한다.

[as + V + S (as + S + V)]

① She was a Christian, <u>as</u> **were** most of her friends.
                                  V   S
그녀는 대부분의 그녀의 친구들이 그렇듯이, 기독교인이었다.

2 ● + V + S ~

[S + be V − → (도치) ● + be V + S]

① She is cute who lives in my next door.

Cute <u>is</u> **she** who lives in my next door.

내 옆집에 사는 그녀는 귀엽다.

[S + 일반 V (타동사) − → (도치) ● + do V + S + V 원형]

① She never ate the dish.

Never <u>did</u> **she** eat the dish.

그녀는 그 요리를 전혀 먹지 않았다.

[S + 일반 V (자동사) − → (도치) ● + V + S / ● + do V + S + V 원형]

① A strange−looking man stood on the platform.

→ On the platform <u>stood</u> **a strange−looking man**.

이상하게 생긴 한 남자가 승강장에 서 있었다.

② Tom never comes to my office.

→ Never <u>does</u> **Tom** come to my office.

Tom은 내 사무실에 절대 오지 않는다.

[S + have p.p − → (도치) ● + have + S + p.p]

① She has arrived at the airport.

→ At the airport <u>has</u> **she** arrived.

그녀는 공항에 (막) 도착했다.

CHAPTER 22

Quiz 다음 문장에서 맞는 것을 고르세요.

1. It was [she / her] that broke the window.

   그 창문을 깨뜨린 것은 바로 그녀였다.

2. It is how we read the signs that [determine / determines] whether we are happy or not.

   우리가 행복한지 아닌지를 결정하는 것은 바로 우리가 그 신호를 어떻게 읽는지에 달려있다.

3. Only if you can solve this problem [you will / will you] be admitted.

   네가 이 문제를 풀 수 있을 때만이 너는 인정받을 것이다.

4. Under no circumstances [a customer's money can be refunded / can a customer's money be refunded].

   어떤 상황에서도, 고객의 돈은 환불되어질 수 없다.

5. Jane went to the movies, and [so did her sister / neither did her sister].

   Jane은 영화를 보러 갔고, 그녀의 여동생도 그랬다.

6. Top software companies are finding [increasingly challenging / it increasingly challenging] to stay ahead.

   최고의 소프트웨어 회사들은 계속 앞서 있는 상태를 유지하는 것이 점점 더 어려워지고 있는 것을 발견한다.

7. The experiment made it [clear / clearly] how important physical activity is in maintaining strong bones.

   그 실험은 신체활동이 강한 뼈를 유지하는 데 있어서 얼마나 중요한지를 분명히 만들었다.

정답 1. she   2. determines   3. will you   4. can a customer's money be refunded
5. so did her sister   6. it increasingly challenging   7. clear

장대영

주요 약력
중앙대학교 사범대학 졸업 (영어교육, 교육학 전공)
정교사 2급 자격증
전) 메가 공무원 온라인 오프라인 강사
전) 메가 스터디 러셀 수능 강의
전) 메가 스터디 노량진 단과 강의
전) 대치 명인학원
현) 박문각 공무원 온라인 오프라인 강사

주요 저서
박문각 공무원 장대영 영어 Graphic 문법
박문각 공무원 장대영 영어 Graphic 구문
박문각 공무원 장대영 영어 Graphic 독해
Polaris 문법 / 구문 / 독해 시리즈
INPUT 문법 / 구문 / 독해 시리즈
Polaris 기출 문법 / 기출 독해
문법의 재구성
독해의 재구성
어휘의 재구성

장대영 영어 Graphic 문법

초판 인쇄 2025. 7. 10. | **초판 발행** 2025. 7. 15. | **편저자** 장대영
발행인 박 용 | **발행처** (주)박문각출판 | **등록** 2015년 4월 29일 제2019-000137호
주소 06654 서울시 서초구 효령로 283 서경 B/D 4층 | **팩스** (02)584-2927
전화 교재 문의 (02)6466-7202

저자와의
협의하에
인지생략

정가 20,000원
ISBN 979-11-7262-935-9